W0352434

Realschule Bayern

À toi! 3

Carnet d'activités

Mit Förderübungen im Extra-Heft und interaktiven Übungen online

Deine **Audios** findest du auf scook.de/bayern. Dafür gibst du den unten stehenden Zugangscode in die Box ein.

Deine **interaktiven Übungen** kannst du so freischalten:

1. Melde dich auf scook.de/bayern an. Beim ersten Besuch von scook.de/bayern musst du dich mit einer – nicht notwendig personifizierten – E-Mailadresse registrieren.
2. Gib den unten stehenden Zugangscode in die Box ein.
3. Damit deine Lernstandsdaten gespeichert werden, müssen du und deine Eltern uns bei der ersten Freischaltung der interaktiven Übungen eine Einwilligung dazu geben. Cornelsen speichert die Antworten deiner durchgeführten Übungen für die Nutzungsdauer der interaktiven Übungen. Für Volljährige (über 18 Jahren) ist das Einverständnis der Eltern nicht erforderlich.

Die Nutzungsdauer für die Online-Übungen beträgt nach Aktivierung des Zugangscodes zwei Jahre. In dieser Zeit speichern wir deine Lernstandsdaten für dich; nach Ablauf der Nutzungsdauer werden sie gelöscht.

Dein Zugangscode auf **www.scook.de/bayern**

aehoc-t9hzd

Cornelsen

À toi! 3 Realschule Bayern
Carnet d'activités

Im Auftrag des Verlages erarbeitet von:
Catherine Mann-Grabowski, Prof. Dr. Jürgen Mertens

und der Redaktion Französisch:
Julia Goltz (Projektleitung), Jana Silckerodt sowie Iris Gleimann, Sophie Ortiz-Vobis,
Clara Lehmann (Studentische Aushilfe)
Bild- und Rechteklärungen: Nicole S. Abt, Tina Becker

Illustrationen: Laurent Lalo
Umschlaggestaltung: werkstatt für gebrauchsgrafik, Berlin
Layout und technische Umsetzung: graphitecture book & edition

Umschlagfoto: stock.adobe.com/aterrom

Symbole und Verweise

🎧 2	online, siehe Code S. 1 (z. B. Track 2)	✎	Schriftliche Aufgabe (Textproduktion)
	Differenzierung:	L 13|1	Hier passt S. 13, Übung 1 im Lehrbuch.
○	leichtere Übung	👥	Partnerarbeit
●	anspruchsvollere Übung	DELF	Diese Übung eignet sich besonders für die Vorbereitung auf die DELF-Prüfung
FR/DE	Sprachmittlungsübung		

www.cornelsen.de

Soweit in diesem Lehrwerk Personen fotografisch abgebildet sind und ihnen von der Redaktion fiktive Namen, Berufe, Dialoge und Ähnliches zugeordnet oder diese Personen in bestimmte Kontexte gesetzt werden, dienen diese Zuordnungen und Darstellungen ausschließlich der Veranschaulichung und dem besseren Verständnis des Inhalts.

Die Mediencodes enthalten zusätzliche Unterrichtsmaterialien, die der Verlag in eigener Verantwortung zur Verfügung stellt.

Im Lernmittel wird in Form von Symbolen auf eine CD verwiesen; diese enthält – bis auf die Hörverstehensübungen – ausschließlich optionale Unterrichtsmaterialien. Die CD unterliegt nicht dem staatlichen Zulassungsverfahren.

Alle Drucke dieser Auflage sind inhaltlich unverändert und können im Unterricht nebeneinander verwendet werden.

Druck: Athesiadruck GmbH

1. Auflage, 1. Druck 2021
Schülerheft mit Audios online
ISBN 978-3-06-122241-3

1. Auflage, 1. Druck 2021
Schülerheft mit Audios und interaktiven Übungen online
ISBN 978-3-06-122243-7

1. Auflage, 1. Druck 2021
Lehrerfassung
ISBN 978-3-06-122242-0

PEFC
PEFC/18-31-166
PEFC zertifiziert
Dieses Produkt stammt aus nachhaltig bewirtschafteten Wäldern und kontrollierten Quellen.
www.pefc.de

Tu es en forme pour la rentrée? facultatif

Vocabulaire et expression

1 a **Jérôme est nouveau à Paris et il cherche des amis. Il se présente sur un forum. Complète par les mots et les expressions qui manquent.**

Shutterstock.com/GoneWithTheWind

___ Jérôme Lilut. ___ de Montpellier. Maintenant, ___ Paris. ___ 14 ans et demi. J'ai trois frères. Je n'ai pas d'animaux. ___ ___, c'est le français. ___ beaucoup la musique: ___ accordéon. ___ le sport! ___ foot et ___ handball dans un club et je vais souvent à la piscine. ___ fromage, c'est l'horreur mais ___ fruits. Et toi?

b **Réponds à Jérôme et présente-toi. Écris dans ton cahier (60–80 mots).**

2 **Un après-midi sympa! Retrouve d'abord les mots puis mets le bon numéro dans chaque bulle.**

1 Moi, j'ai faim. Je pérfrèe prendre des tesfri. **2** J'enttads dipeus herues deux! Tu es où? **3** Je vais esyaers cette jeup! **4** Oh! Excuse-moi! J'ai predu ma metron! **5** J'ai sfoi! On penrd un jus d'anoreg? **6** C'est tujorous comme ça acev les fellis! **7** Je trouve que les ceulorus sont mehcos!

1. Moi, j'ai faim. Je ___

___

___

___

Compréhension de l'oral

3 a Tu es à Paris, à la gare de l'Est. Tu veux aller chez un copain, mais tu ne retrouves pas le chemin. Tu lui téléphones. Écoute et retrouve le chemin.

b Écoute encore une fois. Note le nom de la rue où ton copain habite.

____

Production orale

4 Tu rencontres un copain / une copine et vous parlez des vacances. Qui est A et qui est B? Jouez le dialogue puis échangez les rôles.

Partenaire A (le copain / la copine)	**Partenaire B** (toi)
– Frage, wo **B** die Ferien verbracht hat.	– Antworte, dass du mit deiner Familie in den Cevennen warst.
– Frage, was **B** dort gemacht hat.	– Antworte, dass ihr gezeltet habt und Mountainbike gefahren seid.
– Frage, ob **B** auch eine Stadt gesehen hat.	– Bejahe: Du warst in Nîmes und in Montpellier.
– Frage, ob **B** auch am Meer war.	– Bejahe: Ihr habt eine Woche in Palavas-les-Flots verbracht und du hast dort einen netten Jungen / ein nettes Mädchen kennengelernt.
– Du willst wissen, wie der Junge / das Mädchen heißt.	– Antworte und sage, wie er/sie heißt.
– Frage, ob **B** seine/ihre Adresse hat.	– Bejahe. Sage, dass du aber lieber chattest.

Production écrite

5 Réponds à Victoire et donne-lui des conseils. Tu peux utiliser un dictionnaire. Écris dans ton cahier (60–80 mots).

> **J'ai trop de devoirs!**
> Je travaille le soir jusqu'à 21 heures, c'est l'horreur! J'ai des problèmes pour organiser mes devoirs et je n'ai plus de temps pour mes hobbys! Qu'est-ce que je peux faire?
> Victoire, 14 ans

Tu pourrais ____.
Il ne faut pas baisser les bras.
Il faut + *inf.* / Il ne faut pas + *inf.*
Je te comprends bien.
Essaie!
Tu dois + *inf.*
C'est dur, mais ____.

Compréhension des écrits

DELF **6** **Qui est-ce qui porte un pantalon vert? Lis les phrases et trouve la solution.**

La matière préférée de Hasna, c'est la musique. Il écoute Stromae. Il a toujours faim. Paul porte souvent un jean noir. Sa passion, ce sont les animaux. Il veut un chien mais ses parents ne sont pas d'accord. Léo fait beaucoup de vélo. Il a un look sympa: il ne quitte jamais sa casquette bleue. Sébastien adore le basket. Il n'est pas dans un club. Il retrouve ses copains au parc pour jouer. Sami aime aussi la musique et les animaux. Son meilleur copain, c'est son chien.

Qui est-ce qui porte un pantalon vert? ______________________

Médiation

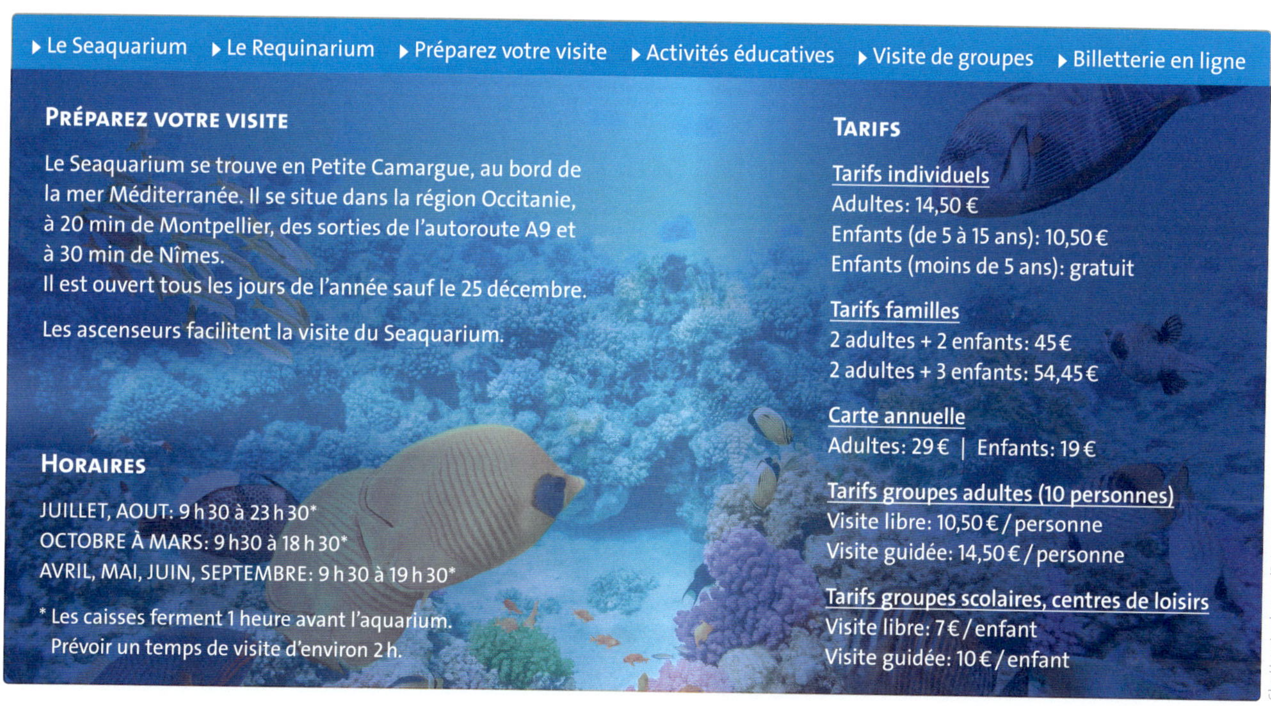

▸ Le Seaquarium ▸ Le Requinarium ▸ Préparez votre visite ▸ Activités éducatives ▸ Visite de groupes ▸ Billetterie en ligne

PRÉPAREZ VOTRE VISITE

Le Seaquarium se trouve en Petite Camargue, au bord de la mer Méditerranée. Il se situe dans la région Occitanie, à 20 min de Montpellier, des sorties de l'autoroute A9 et à 30 min de Nîmes.
Il est ouvert tous les jours de l'année sauf le 25 décembre.

Les ascenseurs facilitent la visite du Seaquarium.

HORAIRES

JUILLET, AOUT: 9 h 30 à 23 h 30*
OCTOBRE À MARS: 9 h 30 à 18 h 30*
AVRIL, MAI, JUIN, SEPTEMBRE: 9 h 30 à 19 h 30*

* Les caisses ferment 1 heure avant l'aquarium.
Prévoir un temps de visite d'environ 2 h.

TARIFS

Tarifs individuels
Adultes: 14,50 €
Enfants (de 5 à 15 ans): 10,50 €
Enfants (moins de 5 ans): gratuit

Tarifs familles
2 adultes + 2 enfants: 45 €
2 adultes + 3 enfants: 54,45 €

Carte annuelle
Adultes: 29 € | Enfants: 19 €

Tarifs groupes adultes (10 personnes)
Visite libre: 10,50 € / personne
Visite guidée: 14,50 € / personne

Tarifs groupes scolaires, centres de loisirs
Visite libre: 7 € / enfant
Visite guidée: 10 € / enfant

Shutterstock.com/Brian Kinney

FR/DE DELF **7** **Au mois d'août, tu es en vacances à Nîmes avec tes parents et ta sœur (4 ans). Vous voulez visiter le Seaquarium. Lis et prends des notes en allemand.**

1. Was ist für euch günstiger: die Einzelkarte oder der Familientarif?
2. Ihr kommt um 17 Uhr 30 beim Seaquarium an. Lohnt sich der Besuch noch?
3. Die Familie deines Austauschschülers möchte euch begleiten. Der Vater benutzt Gehhilfen. Ist das Aquarium dafür eingerichtet?
4. Die Familie deines Austauschschülers (Eltern und die drei Kinder: 15 sowie Zwillingsmädchen von 9 Jahren) geht zwei Mal im Jahr ins Aquarium. Lohnt sich eine Jahreskarte?

Unité 1 Bienvenue à Paris

Approches

11|1 **1** a Voilà Paris. Relie les photos aux mots correspondants.

A (1)

B

C

1 les bateaux-mouches
2 le marché Barbès
3 l'île Saint-Louis
4 les Catacombes
5 le Louvre
6 les Champs-Élysées

D
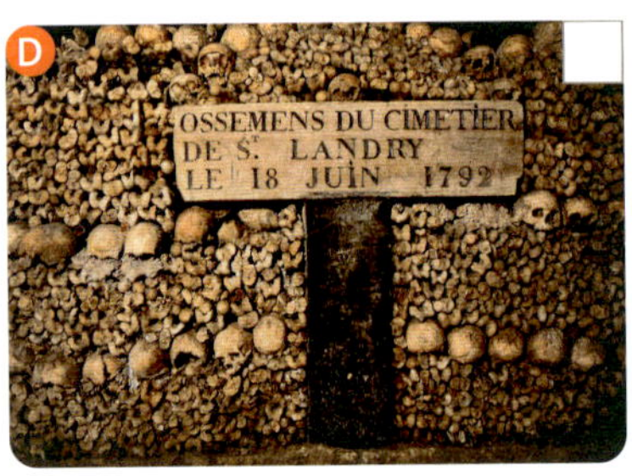

E

F

b Lis les textes p. 8–10. Écris pour chaque endroit de a une phrase dans ton cahier.

2 c Écoute. Où sont-ils? Note les numéros des conversations correspondantes dans les photos de a.

DELF 11|1 **2** Va sur le site «Do you speak touriste?» (→ Choisir une nationalité → Voir la fiche). Trouve les infos suivantes:

1. Quels sont les monuments les plus visités ...
   ... par les Allemands? ______________________
   ... par les Français? ______________________

2. Combien dépense[1] un Allemand par jour à Paris? ________ €

3. Est-ce que tous les visiteurs allemands veulent revenir[2] à Paris? ______________________

1 **dépenser** ausgeben   2 **revenir** wiederkommen

11|3 **3** a **Pourquoi est-ce que ces touristes aiment Paris? Relie.**

J'adore la tour Eiffel	1	a	parce que j'adore la mode, le design et les concerts.
Je voudrais aller à la Seine	2	b	parce qu'il y a les meilleurs cafés, les plus beaux musées et beaucoup de magasins.
Je veux visiter les Catacombes	3	c	parce que c'est l'endroit le plus haut de Paris.
Pour moi, Paris est la ville la plus intéressante	4	d	pour voir les vêtements de demain.
J'aimerais visiter les Docks	5	e	pour faire un pique-nique romantique.
Je vais toujours aux semaines de la mode	6	f	parce que c'est horrible, mais moi, j'adore ça!

b **À toi! Regarde les pages 8–10 et note trois phrases sur le modèle de a dans ton cahier.**

11|3 **4** a **Est-ce que tu connais Paris? Pose les questions et utilise le superlatif. N'oublie pas d'accorder l'adjectif.**
▶ Grammaire, p. 20/1

1. l'endroit / + romantique / Paris?

   Où est-ce qu'on trouve ____________________

2. le tableau / + célèbre / Paris?

   ____

3. la tour / + haut?

   ____

4. les fruits et les légumes / – cher?

   ____

5. les glaces / + ! bon?

   ____

b **Réponds aux questions de a. Souligne la bonne réponse et trouve le mot-clé.**

1. N aux semaines de la mode
   O aux Catacombes
   P à la Seine

2. A au Louvre
   B au musée du quai Branly
   C sur les Champs-Élysées

3. P loin de Paris
   Q près de Paris
   R à Paris

4. L aux Champs-Élysées
   I au marché Barbès
   J au marché Saint-Michel

5. L sur le Pont des Arts
   T aux Catacombes
   S chez Berthillon

Lösungswort: ___ ___ ___ ___ ___

Shutterstock.com/givaga

1A Vous vous sentez bien à Paris?

1 Trouve l'intrus. Coche.

1. ☐ la plage ☐ le touriste ☐ les vacances ☐ l'arrondissement
2. ☐ se doucher ☐ se maquiller ☐ s'entraîner ☐ se coiffer
3. ☐ l'après-midi ☐ le soir ☐ la semaine ☐ le matin
4. ☐ se lever ☐ se sentir ☐ se réveiller ☐ se coucher
5. ☐ un Parisien ☐ un professeur ☐ un vendeur ☐ un garçon de café

2 a Trouve les formes du verbe *conduire*. Complète le tableau.

▶ Les verbes, p. 139

C	O	N	D	U	I	S	O	N	S
C	O	N	D	U	I	S	E	N	T
O	L	C	O	N	D	U	I	T	E
N	S	P	C	O	N	D	U	I	S
D	A	R	O	I	S	I	E	N	S
U	C	O	N	D	U	I	T	C	O
I	N	D	D	U	I	S	E	N	T
S	C	O	U	M	M	E	D	E	S
E	F	O	I	U	S	C	E	S	T
Z	L	H	S	O	R	R	E	U	R

conduire

je ______

tu ______

il/elle/on ______

nous ______

vous ______

ils/elles ______

passé composé

j'ai ______

b Qu'est-ce que cet homme dit? Note toutes les lettres qui restent. Mets les signes.

______

13|4 **3** Dans le métro parisien. Complète par les verbes pronominaux au présent. ▶ Grammaire, p. 20/2

se maquiller se dépêcher s'habiller se sentir se coucher (2 x) s'amuser s'entraîner (2 x)

1. À Paris, les gens ______ tous les jours. Tout le monde est stressé. À mon avis, c'est une ville de fous.
2. Je pense que tu ______ trop tard! Il faut se coucher avant minuit!

3. – Qu'est-ce que vous faites?

– Eh bien, je ______________ et lui, il ______________!

4. Eh, les jeunes, vous ______________ bien?

5. – Vous ______________ beaucoup?

– Bien sûr. Nous ______________ tous les jours ici.

6. – Vous ne ______________ pas bien à Paris?

– Non! Je pense depuis des années: «Cette année, on déménage[1].»

1 **déménager** umziehen

13|5

4 a **Alexis se présente sur le blog «Comment est-ce que tu te sens dans ta ville?». Retrouve les phrases correctes et rajoute les signes de ponctuation.**

Shutterstock.com/garetsworkshop

Salut, les copains!

1. quinze ans | suis | J'ai | et | je | en troisième

____

2. arrondissement | Depuis | quatre ans | j'habite | dans le treizième | à Paris

____

3. il faut toujours | ce | n'est | Le matin | se dépêcher | normal | pas

____

4. je | lève tôt | me | habille | douche | et je me | Je | m'

____

5. je | au | mes | joue | basket | avec | Le soir | copains

____

6. Le parc, c'est | et on | terrain de jeux | notre | s'amuse | beaucoup là-bas

____

7. Et toi | sens | bien | te | ville? | tu | ta | dans

____

3

b **Écoute et compare. Est-ce que tu as trouvé les bonnes phrases?**

c **C'est comment, là où tu vis? Qu'est-ce que tu aimes et pourquoi? Réponds à Alexis. Tu peux prendre son texte et les textes, p. 12, comme modèle. Écris dans ton cahier (60–80 mots).**

13|5

1B On ne connaît pas le chemin

14|1 **1** a Les moyens de transport. Complète par *la voiture, le train, le métro, l'avion, le RER, le bateau* et *le bus*.

en voiture[1]

______

______

aller

______

______

en avion[2]

______

aller **en** voiture ✓ ~~aller **avec ma** voiture~~

1 **la voiture** das Auto
2 **l'avion** *m.* das Flugzeug

b Réponds et utilise les mots de a. Écris des phrases complètes. Comment est-ce que tu vas ...

1. ... à l'école? ______
2. ... chez tes grands-parents? ______
3. ... sur une île de rêve? ______
4. ... en Australie? ______

15|4 **2** Retrouve les formes du verbe *connaître* et complète.
▶ Les verbes, p. 139

connaissentconnaisconnaissez
connaisconnaissonsconnaîtconnu
aiconnu

passé composé

j'ai ______

connaître

je ______
tu ______
il/elle/on ______
nous ______
vous ______
ils/elles ______

3 a **Dans le métro. Qu'est-ce qu'ils disent? Coche les bonnes phrases.** ▶ Livre, p. 14

15|3c

1. Ein Mädchen sagt, dass es sich verlaufen hat. Es fragt, wo die nächste Métrostation ist.
   - [ ] Je suis descendue. Le prochain métro, c'est quand?
   - [ ] Je suis perdue. Où est la prochaine station de métro?
   - [ ] Je ne suis pas d'ici. C'est quelle ligne de métro?
2. Jemand rät, den RER B zu nehmen und sagt, dass man nicht umsteigen muss.
   - [ ] Ne prenez pas le RER B. Il est souvent en retard.
   - [ ] Allez au RER B. C'est au 1er étage.
   - [ ] Prenez le RER B. C'est direct.
3. Jemand sagt dir, du sollst umsteigen und mit der Linie 1 Richtung „Château de Vincennes" fahren.
   - [ ] Tu descends et tu prends la ligne 1 à la station «Château de Vincennes».
   - [ ] Tu changes et tu prends la ligne 1 direction «Château de Vincennes».
   - [ ] Tu prends la ligne 1 jusqu'à la station «Château de Vincennes».
4. Du sagst, dass man mit dem RER A fahren und an der Station „Châtelet Les Halles" umsteigen muss.
   - [ ] Il faut prendre le RER A. Vous descendez à la station «Châtelet Les Halles».
   - [ ] Il faut prendre le RER A pour aller à la station «Châtelet Les Halles».
   - [ ] Il faut prendre le RER A. Vous changez à la station «Châtelet Les Halles».

4

b **Est-ce que tu as coché les bonnes phrases? Écoute, lis et répète.**

4 **Qu'est-ce qu'on dit en français pour expliquer/demander son chemin? Complète.** ▶ Les mots pour le dire, p. 215/22

15|5

1. Sie **fahren** mit der Linie 1 **in Richtung** „Châtelet".

   Vous ________________ la ligne 1 ________________ «Châtelet».

2. Sie **steigen** am „Gare du Nord" in die Linie 4.

   À la gare du Nord, vous ________________ dans la ligne 4.

3. Sie **müssen** an der Station „Place d'Italie" **umsteigen**.

   Il ________________ ________________ à la station «Place d'Italie».

4. Sie **steigen** in „Les Halles" **aus**.

   Vous ________________ à la station «Les Halles».

5. **Um zum Louvre zu fahren**, steige ich da an der Station „Invalides" um?

   ________________________________, est-ce que je change à la station «Invalides»?

6. Steigen Sie **an der nächsten Station** aus und fahren Sie mit dem Bus weiter.

   Descendez ________________________________ et continuez avec le bus.

1C C'est de l'arnaque!

1 a Trouve les verbes de la même famille.

1. le serveur __________
2. une entrée __________
3. la chanson __________
4. le jeu __________
5. l'arrêt __________
6. la douche __________
7. l'amour __________
8. les devoirs __________

b Note trois expressions avec les verbes de a. Écris dans ton cahier. ▶ Liste alphabétique, p. 174–190

Exemple: 1. servir les boissons, servir jusqu'à 9 heures, servir ...

2 a Note les formes du verbe *dire*.
▶ Les verbes, p. 140

être: vous **êtes**
faire: vous **faites**
dire: vous **dites**

dire

je __________
tu __________
il/elle/on __________
nous __________
vous __________
ils/elles __________

passé composé

j'ai __________

17|3 **b Complète par les formes du verbe *dire*.**

Je __________: «Bonjour!»
Tu __________: «À bientôt!»
Elle __________: «Pourquoi pas?»
Nous __________: «Coucou!»
Vous __________: «C'est tout?»
Ils __________: «Au revoir!»

17|4 **3 Caroline est à Paris avec son cousin Éric. Elle téléphone à Lara. Qu'est-ce que Lara dit à Manu? Écris dans ton cahier. Utilise: *Elle dit que/qu'____* ou *Elle trouve que/qu'____*.** ▶ Grammaire, p. 21/3

17|6

4 a Qu'est-ce qu'ils disent? Écris la scène du bistro.

1 Aline veut savoir s'il y a un menu étudiant[1].
2 Elle demande au garçon s'il y a aussi des plats végétariens.
3 Il répond que la maison propose beaucoup de plats végétariens.
4 Aline dit qu'elle prend une salade du chef en entrée et une quiche.
5 Le garçon demande si elle a aimé le plat.
6 Elle dit qu'elle a adoré la quiche.

1 **l'étudiant/e** der/die Student/in

Aline: Bonjour, Monsieur. 1 ______________________________

Garçon: Je suis désolé, il n'y a pas de menu étudiant. Mais regardez les prix. Ce n'est pas cher.

Aline: 2 ______________________________

Garçon: Oui, bien sûr. 3 ______________________________

Aline: 4 ______________________________

(Après le repas.)

Garçon: 5 ______________________________

Aline: Oui. 6 ______________________________

5

b Écoute et compare tes solutions à la conversation. Puis jouez la scène à deux.

17|5

5 a Anissa passe trois jours à Paris avec sa famille. Elle a envoyé des cartes postales à ses amis. Travaillez à deux. Lisez d'abord les cartes postales. A lit la carte 1. B lit la carte 2. ▶ Méthodes, p. 133/22

1 A

Salut Martin,

Paris est génial! Nous avons visité tous les sites: le Louvre (bof!), la tour Eiffel (chère!) et les Catacombes (pas très romantiques!). Le métro est compliqué, on s'est perdus deux fois. Il vaut mieux demander son chemin. Les restos sont chers, nous avons mangé des kébabs et des pizzas. On dit que chez Berthillon, il y a les meilleures glaces mais les prix, c'est de l'arnaque! Sept euros une glace, ce n'est pas donné.

Bises, Anissa

2 B

Salut Léa,

Paris est super! Nous avons fait beaucoup de visites. J'ai adoré les petits marchés, et la tour Eiffel c'était ok mais je trouve que l'entrée est trop chère. Les fringues sont chères aussi, j'ai acheté une belle ceinture. Les glaces de chez Berthillon sont les meilleures glaces mais les prix, c'est de l'arnaque! Le soir, je suis toujours crevée. On marche beaucoup mais on prend aussi le métro. On s'est perdus deux fois.

Bises, Anissa

b Comparez les cartes postales d'Anissa. Est-ce qu'elle a écrit la même chose? A commence et raconte ce qu'Anissa a écrit sur la carte 1. Puis B continue avec la carte 2. Utilisez le discours indirect.

1D Le monument le plus célèbre

1 a **Fais ces devinettes[1]. Quel est le mot qui manque?**

1. un professeur: corriger = un architecte: ? ______________________
2. une armoire: des vêtements = un garage: ? ______________________
3. le Louvre: vieux = les Docks: ? ______________________
4. le monument: visiter = une publicité: ? ______________________
5. un mètre: un kilomètre = mille: ? ______________________

1 la devinette das Rätsel

b **Écris trois autres devinettes comme en a avec les mots que tu connais déjà. Échangez vos feuilles.**

6
19|3

2 a **Tu visites Paris en bateau-mouche mais le guide parle trop vite. Écoute et coche les années que tu entends. Puis écoute encore une fois et relie les années avec les sites correspondants.**

☐ 1793
☐ 1989
☐ 1617
☐ 1985
☐ 1783
☐ 1889
☐ 1986
☐ 1607

la construction du Pont Neuf

l'ouverture du musée du Louvre

la construction de la pyramide du Louvre

l'ouverture du musée d'Orsay

la construction de la tour Eiffel

b **Sur une feuille, tu notes les dates d'anniversaire de trois personnes de ta famille. Échangez vos feuilles et devinez qui c'est.**

Exemple:
A: Le 3 février 1956, c'est l'anniversaire de ton grand-père?
B: Oui!

19|4

3 a **Retrouve les phrases correctes et rajoute les signes de ponctuation.** ▶ Grammaire, p. 21/4

1. y | On | kébab | un | manger | va | pour

____

2. Les | jouent | y | gens | foot | au

____

3. courses | va | pour | y | les | Tout le monde | faire

____

4. travaillent | y | garçons | Les | de café

____

5. la natation | y | va | faire | de | On | pour

6. y | pour | enfants | vont | Les | jouer

✓

19|5

b Lis tes phrases de a. De quel endroit est-ce qu'on parle? Note.

1. On va dans une sandwicherie. 4. ____
2. On va au ____ 5. ____
3. ____ 6. ____

19|5

c Fais des phrases comme en a sur ta ville / ton village. Les autres devinent de quel endroit tu parles.

On y voit des films sympa.

C'est le cinéma «Scala»!

On y voit des films sympa / des tableaux / ____.
On y achète du pain / des vêtements / des livres / ____.
On y va pour faire du sport / danser / manger / ____.

19|6

4 a Tu as passé trois jours à Paris avec ta classe. Un ami français te pose des questions sur ton voyage. Lis ses questions et prends des notes pour lui répondre.

Tu es rentré/e?
Qu'est-ce que tu as fait à Paris? Qu'est-ce que tu as aimé 😊 ? Est-ce qu'il y a quelque chose que tu n'as pas aimé 😣 ? Est-ce que tu voudrais retourner à Paris une deuxième fois?
Écris-moi tout[1]!
xoxo
Matéo

1 tout alles

Quoi? ____
😊 ____
😣 ____
____

DELF

b Maintenant, réponds à Matéo à l'aide de tes notes. Pense à structurer ton e-mail avec des expressions de temps. Écris dans ton cahier (60–80 mots). ▸ Méthodes, p. 129/17

le premier/deuxième/____ jour   le matin / à midi / l'après-midi / ____   après   puis   plus tard

c Échange ton texte avec ton/ta partenaire. Corrigez vos textes. ▸ Méthodes, p. 129/19

1 Fais le point

Hier überprüfst du, ob du den Stoff der *Unité 1* beherrschst. Die Lösungen findest du auf S. 93.

Les dates

7

1 Écoute le guide et note les années dans ton cahier. Il y a une photo en trop.

Les verbes pronominaux

2 **Véra raconte sa journée à Isa. Complète par les verbes *trainieren* (2 x), *sich fühlen*, *sich beeilen*, *aufstehen*, *schlafen gehen*, *sich schminken*, *sich anziehen*, *sich treffen*, *duschen*.**

Salut Isa, je ____________ bien dans le quartier mais pas dans mon collège. Il est loin de la maison, alors je ____________ tôt. Ensuite, je ____________, je ____________ et je ____________. Je ____________ pour prendre le métro. Au collège, on a beaucoup de travail et on ne ____________ pas assez. Mais il y a Léo! Nous ____________ le mardi au club de tennis.

Le soir, je ____________ souvent après 22 heures à cause des devoirs!

Bises Véra

P.-S.: Tu ____________ toujours avec Viki au basket?

Le superlatif

3 **Alex présente sa ville à son/sa corres. Complète ses phrases. Utilise le superlatif. Pense à faire l'accord.**

1. Ma ville est la ville ____________ (+ *écologique*), ____________ (+ *moderne*) et ____________ (+ *chic*).
2. Le Bayern Munich est l'équipe de foot ____________ (+ *célèbre*) et ____________ (+ *intéressant*).
3. Florian David Fitz est l'acteur ____________ (+ *romantique*) et ____________ (– *stressé*).
4. Le kébab est notre (+ *bon*) ____________ spécialité et le plat ____________ (– *traditionnel*).

Le discours indirect et l'interrogation indirecte

4 **Ton/Ta corres et toi, vous visitez Berlin. Votre guide parle allemand. Tu expliques ce qu'il dit. Écris les phrases dans ton cahier. Utilise le discours indirect.**

1. Kennt ihr Berlin schon?
2. Berlin ist die Hauptstadt Deutschlands.
3. Für mich ist Berlin die interessanteste Stadt Deutschlands.
4. Hier seht ihr den Fernsehturm, die berühmteste Sehenswürdigkeit der Stadt.
5. Wollt ihr ihn jetzt oder später besuchen?
6. Wollt ihr lieber im Einkaufszentrum shoppen?

Le pronom *y*

5 **On y va! Fais d'abord les réponses (à droite). Puis relie les questions aux réponses.**

On prend le métro pour aller au stade?	1	a	y des servent escargots. Ils
Qu'est-ce qu'il y a sur le boulevard Barbès?	2	b	vaut à aller Non, il mieux y pied.
Le rendez-vous est à quelle heure?	3	c	est Non, allés hier. y on
Pourquoi est-ce qu'il passe par le stade?	4	d	chères. acheter fringues peut On y des pas
Qu'est-ce qu'on mange dans ce restaurant?	5	e	du y ses Il copains foot. retrouve
Vous allez à la piscine dimanche?	6	f	dix heures. faut à Il être y

Qu'est-ce qu'on dit?

6 **Du sagst, dass ...**

1. ... der Eiffelturm die berühmteste Sehenswürdigkeit von Paris ist.

____

2. ... du dich in Paris wohl fühlst.

____

3. ... du es nicht magst, früh aufzustehen.

____

4. ... du mit der U-Bahn zur Schule fährst.

____

5. ... es besser ist, an der nächsten Station umzusteigen.

____

6. ... du im Restaurant zum Nachtisch immer ein Eis nimmst.

____

Die Lösungen findest du auf der Seite 93.

Tu es en forme pour l'unité 2? facultatif

1 a **Qu'est-ce qu'ils font? Regarde le dessin et fais une liste de toutes les activités dans ton cahier.**
▶ Liste alphabétique, p. 191

b **Regarde le dessin pendant dix secondes. Puis ferme le carnet d'activités et nomme un maximum d'activités possibles.**

c **Complète ta liste de a par d'autres activités que tu connais.** ▶ Liste alphabétique, p. 174

2 **Donne ton avis. Relie les phrases qui vont ensemble. Complète par les mots qui manquent.**
▶ Les mots pour le dire, p. 215/23

Ich sage, dass ich etwas hässlich finde. **1**	**a** Ça m'est ____________________.
Meiner Meinung nach kann man zu diesem Lied super tanzen. **2**	**b** ____________________ dépend.
Ich sage, dass mir etwas egal ist. **3**	**c** Je ____________________ que c'est moche.
Ich sage, dass etwas nicht mein Ding ist. **4**	**d** Ce n'est pas mon ____________________.
Ich finde, dass etwas doof ist. **5**	**e** C'est ____________________.
Ich sage, dass es darauf ankommt. **6**	**f** À mon ____________________, cette chanson est top pour danser.

3 **Qu'est-ce qu'ils disent? Complète par les pronoms objet direct/indirect.**

me	te	le/la	nous	vous	les
me	te	lui	nous	vous	leur

– Tu me comprends?

– Non, je ne ______________ comprends pas.

– Papa, tu ______________ vois?

– Non, je ne ______________ vois pas!

– Tu ______________ trouves comment?

– Pas mal.

– Tu ______________ as parlé?

– Non, pas encore.

– Tu ______________ as téléphoné?

– Oui, mais ils n'ont pas leurs portables.

– Tu peux ______________ porter pour moi?

– Bien sûr!

8 DELF

4 **De qui est-ce qu'ils parlent? Écoute et coche. Attention, il y a deux personnes en trop.**

☐ 
Louise

☐ 
Aurélie

☐ 
Jean

☐ 
Vincent

☐ 
Yasmina

☐ 
Philippe

5 **Nina parle de son mercredi après-midi. Complète. Utilise le passé composé avec *avoir* ou *être*.**

il a regardé	elle a regardé
il est allé	elle est allée

Mercredi, après le collège, je ______________________________ (*rentrer*) avec Paul. Nous ______________________________ (*prendre*) le bus pour aller à la maison. Mais là, je n'________ pas ____________ (*trouver*) mes clés. On __________________ (*devoir*) attendre ma sœur. Mon portable ne marche plus, alors, je n'________ pas ____________ (*pouvoir*) l'appeler. À 14 heures, nous ______________________________ (*acheter*) une pizza dans la sandwicherie rue Victor Hugo. Puis, nous ______________________________ (*attendre*) devant la porte pendant une heure ... À 16 heures, ma sœur ______________________________ (*arriver*)! Après, Paul et moi, on ____________________ (*faire*) nos devoirs, on __________________ (*manger*) des tartines, et le soir, on ____________________ ____________ (*aller*) au cinéma.

Unité 2 Amours et amitiés

Approches

RÉVISER

1 a **Tu connais déjà beaucoup d'adjectifs pour parler d'une personne! Retrouve les 14 adjectifs cachés dans la grille. Fais une liste dans ton cahier. Puis note à côté de chaque adjectif la forme au féminin.**

R	I	N	T	D	R	Ô	L	E	A	N	T
O	N	D	V	H	A	L	F	J	O	L	I
A	C	I	L	R	M	M	O	C	H	E	O
A	R	Q	L	P	A	N	R	U	L	L	U
W	O	K	B	R	N	E	M	N	I	S	D
S	Y	M	P	A	T	H	I	Q	U	E	R
É	A	O	R	T	Q	O	D	O	R	X	M
H	B	T	É	I	U	R	A	B	N	A	O
G	L	I	F	Q	I	R	B	L	O	N	D
K	E	V	É	U	E	I	L	E	I	L	E
S	Y	É	R	E	M	B	E	R	R	O	R
É	G	L	É	N	U	L	Y	P	R	U	N
R	A	M	O	U	T	E	X	U	P	P	E
R	Ô	L	E	G	E	N	T	I	L	I	U

b **Anatole parle de ses amis. Complète les phrases avec les adjectifs de a.**

1. J'aime bien Leila mais j'adore Nadine. Nadine est vraiment ma copine ____________________!
2. Valentin n'aime pas faire ses devoirs. Mais pour préparer un exposé ensemble, il est toujours très ____________________. C'est un super copain.
3. Anne et Lili sont deux sœurs. Anne a les yeux bleus et les cheveux ____________________. Lili a les yeux verts et les cheveux ____________________. Elles sont très ____________________ toutes les deux!

4. Avec Julien, on s'amuse beaucoup. Il est ____________________ et très ____________________!
5. Jean aide toujours tout le monde. C'est un garçon super ____________________!
6. Rachel n'aime pas écouter mes problèmes. Elle est ____________________ pour donner des conseils.

2 a **On peut faire plein d'activités avec ses amis. Trouve pour chaque série le verbe qui convient.**

aller être faire jouer passer prendre

1. de la musique – au foot – à un jeu vidéo – de la guitare – au mémory: ____________________
2. un week-end à Paris – des vacances à la mer – chez lui – un moment sympa: ____________________
3. des spaghettis – de l'escalade – l'idiot – les courses – les devoirs: ____________________
4. au cinéma – à l'école – chez des copains – à pied ou à vélo: ____________________
5. un coca – le bus – son temps – des risques – la vie avec humour: ____________________
6. motivé – content d'être ensemble – à l'aise – à la mode – sportif: ____________________

1 **l'humour** *m.* der Humor

b Et toi, qu'est-ce que tu aimes faire avec tes amis? Fais une liste. Dis aussi pourquoi. (▶ a).

3 a Rémi a des problèmes avec son smartphone. Complète les messages de ses amis. ▶ Liste des mots, p. 149

Rémi

Blanche Cher Rémi, à la maison en ce moment, c'est la cata, mais mon copain m___ r___m___nt___ l___ m___r___l! Il est vraiment super gentil! Bisous bisous, ta cousine préférée, 18:34

Mathilde Rémi chéri, r___nd___z-v___ ___s au café des Arts, on prend un coca et j___ t___ d___s t___ ___t, d'accord? 18:42

Luc Écoute Rémi, on peut s'___ntr___ ___d___r, tu ranges ma chambre et je fais tes exercices de maths, d'accord? 18:49

b Traduis les messages de a. Écris dans ton cahier.

▶ 25|3 **4** Notre amitié en images. Retrouve l'ordre des mots et forme des phrases avec *où*. Puis relie chaque phrase à la bonne image.

a je | le carrefour | où | pour la première fois | parlé | lui | ai

Voilà ___

b raconté | le café | a | sa vie | m' | où | il

Voilà ___

c le cinéma | nous | Harry Potter 1–8 | avons | où | regardé

Voilà ___

d passé | le camping | avons | nous | nos premières vacances | où

Voilà ___

e avons | où | ensemble | chaviré | la côte | nous

Voilà ___

2 A Un meilleur ami, qu'est-ce que c'est pour toi?

26|1

1 a **Pour parler de l'amitié. Relie les expressions.**

J'ai confiance	1	a	que moi.
Elle est pareille	2	b	les mêmes choses.
Je l'admire	3	c	ensemble, on est plus fort!
Je ne suis pas d'accord	4	d	avec toi.
Lui et moi, on aime	5	e	parce qu'elle comprend tout!
On a beaucoup de respect	6	f	en lui.
On s'entraide et	7	g	l'un pour l'autre.

b **Voici les commentaires de Liane et Élias qui parlent de leurs amis. Complète les phrases avec des expressions de a.**

1. Noémie est ma meilleure amie: On aime les mêmes vêtements, on écoute la même musique. ______________________________!

2. Je raconte tous mes secrets à Hervé parce que ______________________________.

3. Ma copine Rachel est une intello. ______________________________.

4. Moustapha et moi sommes très différents, mais ______________________________.

5. Je suis bonne en français et Luc est bon en maths. Alors, pour les devoirs, ______________________________.

6. Tom et moi, on fait tous les deux de l'athlétisme et on est fan de séries américaines. C'est comme ça, ______________________________!

7. Non, là, j'ai un autre avis, ______________________________!

2 **À ton avis, c'est qui: *père/mère, frère/sœur, pote, ami/amie* ou *petit ami/petite amie*? Choisis un nom et complète les définitions avec *qui* ou *que*. Puis compare et discute avec ton/ta partenaire.** ▶ Grammaire, p. 34/1

27|4

1. Un/Une ______________, c'est quelqu'un ________ habite avec toi et ________ a les mêmes parents.
2. Un/Une ______________, c'est quelqu'un ________ tu rencontres au collège ou ________ partage tes hobbys et ________ tu aimes bien.

3. Un/Une ______________________, c'est quelqu'un ________ tu peux toujours appeler quand[1] tu as un problème.

4. Un/Une ______________________, c'est quelqu'un ________ tu comprends même sans parler.

5. Un/Une ______________________, c'est quelqu'un ________ tu aimes embrasser[2].

6. Un/Une ______________________, c'est quelqu'un ________ peut faire 30 kilomètres à vélo pour te voir.

7. Un/Une ______________________, c'est quelqu'un ________ te prépare ton plat préféré quand tu n'as pas le moral.

1 **quand** wenn, immer wenn
2 **embrasser qn** jdn küssen

27|5

3

a **Note pour chaque dessin une définition dans ton cahier. Utilise *où, qui, que/qu'* et *pour* + infinitif.**

C'est	un endroit	où	____.
	un truc un animal un sport une personne quelqu'un	qui	
		que/qu'	
	quelque chose	pour	

b **Travaillez à deux. Lis une définition de a à ton partenaire. Il/Elle devine de quoi il s'agit (1 – 10).**

27|6

4

Entre amis, on se dit tout! Choisis au moins trois débuts de phrase et écris trois messages personnels pour un ami / une amie.

A *La qualité* ____________ *je préfère chez toi, c'est* ______________________________

____.

B Un défaut ________ je déteste chez toi, c'est ______________________________

____.

C *Pour moi, dans l'amitié,* ______________________________, *c'est ça qui compte!*

D Je t'admire parce que ____.

E Parfois, tu m'énerves parce que tu ______________________________ mais

____!

F L'endroit ____________ j'aime bien passer du temps avec toi, c'est ______________

____.

Est-ce que tu es plutôt copain ou plutôt famille?

ENQUÊTE Avec mes parents …

… je fais du sport!

«Avec mon père, on va souvent à la piscine. C'est moi qui l'entraîne, il n'aime pas trop le sport. Il fait ça parce qu'il aime passer du temps avec moi.»
MARTIN, 15 ANS

«Je n'aime pas trop les piscines mais c'est quand même un plaisir parce que je n'ai pas souvent l'occasion de passer du temps avec Martin.»
PHILIPPE, 49 ANS

stock.adobe.com/Graham Oliver/dglimages

L'info + 21 % des parents font du sport avec leurs enfants plusieurs fois par mois.

… je fais mes devoirs!

«Mes parents m'aident à faire mes devoirs. Surtout en géométrie et aussi en français pour l'orthographe[1]. Une fois qu'ils m'ont tout expliqué, je quitte la cuisine et je retourne dans ma chambre parce que mon petit frère m'énerve[2].» BENJAMIN, 14 ANS

«Nous rentrons tard le soir mais on essaie d'être là pour les enfants.»
SOPHIE, 45 ANS ET NICOLAS, 43 ANS

Shutterstock.com/New Africa

L'info + 63 % des parents aident leurs enfants à faire leurs devoirs.

… je regarde la télé!

«On fait souvent une soirée[3] télé avec mon frère et ma mère sur le canapé. Notre chien Pipo participe aussi. On regarde la météo[4], le JT[5] et des séries. On fait aussi des soirées cinéma avec un ou deux films. On mange même devant le film: pizza ou pop-corn!»
CHARLOTTE, 15 ANS

«La télé, c'est bien pour faire une pause le soir avant de[6] se coucher. On passe un bon moment en famille: on parle, on fait des commentaires sur le film qu'on regarde. Et puis, on se compare aux personnages[7], c'est rigolo!» DENISE, 46 ANS

Shutterstock.com/Golden Pixels LLC

L'info + La télé est la première «activité» pratiquée en famille: 7 familles sur 10 regardent la télé ensemble ou utilisent des sites de streaming plusieurs fois par semaine.

1 l'orthographe *f.* die Rechtschreibung
2 énerver qn jdn nerven
3 la soirée der Abend
4 la météo der Wetterbericht
5 le JT (journal télévisé) die Nachrichten
6 avant de bevor
7 le personnage die Figur

DELF **1** Qu'est-ce que les ados français font en famille? Lis le texte, coche et justifie.

28|1

	Vrai	Faux	Ligne(s)
1. Martin et son père aiment le sport et les piscines.			
2. Le père de Martin aime passer du temps avec son fils.			
3. Benjamin aime faire ses devoirs à côté de ses parents et de son petit frère.			
4. Sophie et Nicolas aident leurs enfants à faire leurs devoirs.			
5. La mère de Charlotte pense que les jeunes ne doivent pas regarder la télé le soir			
6. La mère de Charlotte ne veut pas que les enfants mangent devant la télévision.			
7. Les Français préfèrent la télé en famille au sport en famille.			

2 **Complète les phrases par *à qui*, *de qui*, *chez qui*, *pour qui* et *avec qui*.** ▶ Grammaire, p. 34/2

3 **Voici des questions pour interviewer quelqu'un. Réponds aux questions.** ▶ Grammaire, p. 35/3

1. Qu'est-ce que tu aimes regarder à la télé avec ta famille?

   On adore regarder ____________________

2. Qu'est-ce que vous faites le dimanche dans ta famille?

   ____

3. Qui est-ce qui fait la cuisine chez vous à la maison?

   ____

4. Tu as un problème. Qui est-ce que tu appelles?

   ____

5. Qui est-ce qui te remonte le moral?

   ____

6. Qui est-ce que tu invites à ton anniversaire? Plutôt ta famille ou tes amis?

   ____

2 C Elle est dans ma tête

1 a **Est-ce qu'ils sont tous contents? Relie. Fais attention à l'accord de l'adjectif.**

Aurélie 1			a amoureux.
Patrick 2	sont		b heureux et content.
Virginie et Marie 3	est		c malheureuses.
Ibrahim et Carla 4			d joyeuse.

b **Qui ne va pas bien?** ______________________________

31|4

2 a **GRAMMAIRE MIXTE: Qu'est-ce qu'ils font? Fais des phrases et trouve la solution pour chaque situation. Commence par *Quand*.**

1 

être à la maison / *faire* des photos de son chat

Quand elle est à la maison, elle ______
______
______

2 

être malheureux / *dessiner* des monstres noirs

______
______
______

3 

être joyeux / *danser*

______
______
______

4 

avoir une interro / *paniquer*

______
______
______

5 

ne pas *avoir* le moral / ne plus *ranger* sa chambre

______
______
______

6 

aller au cinéma avec son père / *être* content

______
______
______

b **Et toi? Qu'est-ce que tu fais dans ces situations? Complète les phrases.**

1. Quand j'ai les idées noires, je/j' ______________________________.
2. Quand je suis joyeux/joyeuse, je/j' ______________________________.

3. Quand j'ai des problèmes avec mes amis, je/j' ______________________________.

4. Quand mes parents m'énervent, je/j' ______________________________.

5. Quand j'ai 18 sur 20 à l'école, je/j' ______________________________.

6. Quand je veux m'amuser, je/j' ______________________________.

▶ 31|5

3 a **Radio Ado a interviewé Tom, Pauline et Emma: les trois jeunes parlent de leurs groupes préférés.** | Sieh dir die Tabelle unten (▶ b) an. Beim Heraushören der gefragten Informationen helfen dir Signalwörter. Bereite dich auf das Hören vor: Lies noch einmal den ersten Satz dieser Aufgabenstellung. Streiche dann die Signalwörter durch, die hier nicht passen.

Quand?	le matin, l'après-midi, ~~à la cantine~~, le samedi soir, au petit-déjeuner, tout le temps
Avec qui?	les parents, la famille, le vélo, les copains, la petite amie / le petit ami, mon meilleur ami / ma meilleure ami/e, le principal
Pourquoi?	pour se sentir mal, pour préparer les interros, pour se sentir mieux, pour être joyeux/joyeuse, pour téléphoner

9 DELF ▶ 31|6

b **Écoute l'interview et écris les informations dans le tableau. Puis écoute encore une fois et complète le tableau. Tu peux réécouter l'interview plusieurs fois.**

Qui?	Quels groupes?	Quand?	Avec qui?	Pourquoi?
______	 TRYO	______ ______ ______	______ ______ ______	______ ______ ______
______	 ZAZ	______ ______ ______	______ ______ ______	______ ______ ______ ______
______	 SHAKA PONK	______ ______ ______	______ ______ ______	______ ______ ______

2 D Qu'est-ce que tu voudrais regarder ce soir?

32|1 **1** Lis le texte dans ton livre, p. 32. Qu'est-ce que tu apprends sur ces personnages? Écris les informations sous forme d'un associogramme dans ton cahier.

1 Tintin | 2 Milou | 3 Captain Haddock | 4 Lou | 5 No

33|4 **2** Complète ces trois descriptions du programme de télé par les mots de l'encadré.

acteur aventures chanteur chanteuse effets spéciaux émission
film d'animation héros histoire scènes talent thème

TV

1. **«Astérix: Le domaine des dieux[1]»** est un ______________________.

Le ______________ est un jeune Gaulois[2]. Il y a plein de ______________

drôles!

2. **«The Voice»** est une ______________

de télé sur le ______________ de

la chanson. Le public choisit[3] le meilleur

______________ ou la meilleure ______________.

3. **«L'écume des jours[4]»** est un film fantastique avec plein d'______________

______________. L'______________ raconte les

______________ de Colin et de sa petite amie Chloé. Roman Duris,

l'______________ qui joue Colin est très bon et Audrey Tautou qui joue Chloé a

beaucoup de ______________.

1 Astérix: Le domaine des dieux *dt. Titel* Asterix bei den Göttern
2 le Gaulois / la Gauloise der Gallier / die Gallierin
3 choisir qc etw. wählen, auswählen
4 L'écume des jours *dt. Titel* Der Schaum der Tage

33|3 **3** C'est le festival de Cannes. Complète avec *beau, nouveau* et *vieux*. ▶ Grammaire, p. 35/4

1

Ce film a été une

____

aventure!

2

«Moins moche la vie»:

La star de la série a un

______________ ami!

3 C'est un film avec plein de ______________ effets spéciaux!

4 Tu as déjà vu le ______________ ______________ film avec Omar Sy? Il est trop drôle!

5 À Cannes, pendant le festival, on voit plein de ______________ femmes!

6 Les ______________ copines, c'est ça qui compte!

33|4 **4** **Pour parler du programme télé, trouve les expressions qui vont ensemble. Relie.**

J'ai envie	1	a	une émission où on rigole!
Moi, les émissions sur les animaux,	2	b	de regarder ma série préférée!
Je voudrais voir	3	c	te plaisent?
Je voudrais	4	d	ça vous intéresse?
Et toi, les films avec Omar Sy	5	e	ce n'est pas mon truc!
Est-ce que le foot,	6	f	regarder un reportage intéressant!

33|5 **5** **Ton/Ta corres te propose trois films. Lis les commentaires et choisis le film que tu préfères. Note trois arguments pour ce film.**

1: Shutterstock.com/LightField Studios, 2: Shutterstock.com/Elnur, 3: Shutterstock.com/AlexAnton

1. **«Les seigneurs», comédie:** Patrick Orbéra a été un champion de foot mais maintenant il a 50 ans, pas de travail et il boit trop d'alcool. Il part sur une île en Bretagne pour entraîner l'équipe de foot locale. Mais les joueurs ne sont pas très bons ...
2. **«Les profs», comédie:** Le lycée Jules Ferry a les élèves les plus nuls de France. Pour les sauver, on décide de leur donner les profs les plus nuls ... Est-ce que des élèves nuls vont mieux apprendre avec des profs nuls?
3. **«Adèle Blanc-Sec», film d'aventure:** L'histoire se passe en 1912. Adèle est une jeune reporter qui veut sauver sa sœur. Pour cela, elle est prête à tout, même à aller chercher des momies en Égypte!

Moi, je voudrais bien regarder ______________________________ parce que ...

1. ______________________________
2. ______________________________
3. ______________________________

2 Fais le point

Hier überprüfst du, ob du den Stoff der *Unité 2* beherrschst. Die Lösungen findest du auf S. 94.

Vocabulaire

1 **Vive les copains! Retrouve les mots. Note les noms avec l'article défini.**

1. tié mi a ______________________
2. an fi ce con ______________________
3. pect res ______________________
4. ta ger par ______________________
5. faut dé ______________________
6. li qua té ______________________
7. reux heu ______________________
8. go ri ler ______________________

La question

2 a **GRAMMAIRE MIXTE: Ils posent des questions. Conjugue les verbes au présent.**

Qui est-ce qui t' ______________________ (*appeler*)?

Qu'est-ce que tu ______________________ (*lire*)?

Qui est-ce que tu ______________________ (*préférer*)?

Qui est-ce qui ______________________ (*déménager*)?

Qu'est-ce que vous ______________________ (*faire*)?

Qu'est-ce qui ______________________ (*pouvoir*) t'aider?

b **Traduis les questions de a. Écris dans ton cahier.**

Les pronoms relatifs *qui, que, où*

3 **C'est qui? Complète le texte avec les pronoms relatifs *qui*, *que* et *où*. Ensuite, note le bon numéro sur le dessin.**

1. Voilà le café ______ les copains se retrouvent.
2. Luc est le garçon ______ dessine.
3. La fille ______ Luc dessine s'appelle Brigitte.
4. Xavier est le garçon ______ a des baskets oranges.
5. Ariel va dans le coin ______ ses copains l'attendent.
6. Le portable ______ Xavier cherche est sous la table.

Les adjectifs antéposés

RÉVISER

4 **Ce sont des amis mais ils sont différents! Complète les phrases. Utilise *vieux*, *jeune*, *courageux*, *intello*, *beau*, *joli*, *triste*, *amoureux*, *grand*, *petit*, *romantique* et *joyeux*. Pense à l'accord des adjectifs.**

1. Lui, c'est un ____________ homme très ____________ et elle, c'est une ____________ fille très ____________.

2. Voilà un ____________ chien très ____________ et un ____________ chat très ____________.

3. Voilà une ____________ fille ____________ et un ____________ garçon ____________.

Qu'est-ce qu'on dit?

5 **Marius parle de son meilleur ami. Écris les phrases à sa place dans ton cahier.** | Marius sagt, dass …

1. … sein bester Freund Bob heißt.
2. … sie sich gegenseitig helfen und er ihm alles erzählt.
3. … Bob fröhlich ist und immer Lust hat, mit Marius etwas zu tun.
4. … sie gleich sind und Animationsfilme sie sehr interessieren.
5. … die neue Freundin von Bob ihm nicht gefällt und dass sie doof ist.

1. Mon meilleur ami …

Die Lösungen findest du auf S. 94.

Tu es en forme pour l'unité 3? facultatif

1 **Trouve les contraires[1] et relie.** ▶ Liste alphabétique, p. 174

heureux	Beurk!	la question	triste
différent	joyeux	pour	ne ... jamais
blanc	tard	être bon en	pareil
la réponse	être nul en	tôt	malheureux
contre	toujours	noir	Miam!

1 **le contraire** das Gegenteil

2 a **Qui est-ce? Qu'est-ce que c'est? Écris les mots avec l'article défini dans ton cahier.** ▶ Liste alphabétique, p. 174

1. C'est l'endroit dans un collège où on mange à midi.
2. C'est en été. Elles sont longues. Les élèves les aiment parce qu'il n'y a pas de devoirs.
3. C'est une matière. On y parle des montagnes et des villes.
4. C'est une personne qui travaille au collège et qui corrige les interros.
5. C'est un endroit dans un collège où on peut faire du sport.
6. C'est une personne qui travaille au collège et qui est le/la chef.

b **Utilise les mots de a pour faire un associogramme sur le thème du collège dans ton cahier. Complète par des mots que tu connais déjà.** ▶ Liste alphabétique, p. 174

3 **GRAMMAIRE MIXTE: Qu'est-ce qu'ils disent? Complète par les formes de l'impératif.**
▶ Verbes, p. 138

Chante.	Sing!
Chantons.	Lass uns singen!
Chantez.	Singt! / Singen Sie!

attendre | arrêter | prendre | gagner | manger | regarder

1 

_____________________!
C'est rouge!

2 

_____________________!
On arrive!

3 

____
cette couleur.

4 

_____________________!
un million aujourd'hui!

5 

Ne _____________________!
plus de frites!

6 

____
les pailles rouges.

4 GRAMMAIRE MIXTE: **Tout le monde aime frimer! Complète les réponses par la bonne forme du verbe.**
▶ Verbes, p. 138

1. – Je **vais** souvent au cinéma.

   – Mes copines et moi, nous ____________________ au cinéma trois fois par semaine!

2. – Dans notre collège, on **fait** de la natation deux fois par semaine.

   – Ah oui? Dans notre collège, nous ____________________ du sport tous les jours.

3. – Chez mes grands-parents, il y a toujours des plats végétariens. Vous **mangez** aussi végétarien chez vous?

   – Nous ____________________ tout le temps végétarien, même les chats ____________________ végétarien!

4. – J'aime lire. Je **lis** trois bédés par semaine.

   – Nous ____________________ aussi, comme des fous. Nous commençons le matin avant 6 heures.

5. – Je suis plutôt bonne élève. J'**ai** 15 sur 20 en maths et en allemand.

   – Mon frère et moi, nous ____________________ toujours 18 sur 20 dans toutes les matières.

1 10 **5** **Écoute la chanson «Une journée noire». Pourquoi est-ce que Hugo a une journée noire? Donne trois exemples. Écris dans ton cahier.**

6 a **Ton père a fait les courses. Qu'est-ce qu'il a acheté?**

____

____

____

____

____

____

b **Qu'est-ce qu'il faut pour faire des crêpes?**

____

____

____

Unité 3 La vie au collège

Approches

RÉVISER ▶ 40|1

1 **GRAMMAIRE MIXTE: Les élèves parlent dans la cour. Complète les phrases. Barre le pronom possessif qui ne va pas et mets la bonne forme de l'adjectif.**

américain célèbre courageux dur intéressant

1. – C'est qui, votre / ~~vos~~ prof d'anglais?
   – C'est M. Collins. Il est ______________________.
2. Mes / Mon prof de sport est ______________________. Il a traversé la cour de notre / nos collège sur un fil.
3. Notre / Nos interros d'histoire-géo sont super ______________________. C'est l'horreur!
4. Notre / Nos cours de maths sont toujours ______________________ parce que M. Durand a beaucoup d'idées.
5. M. Arnaud, mes / mon prof de français, frime toujours parce que ses / son deux sœurs sont des actrices ______________________.

RÉVISER 11

2 **Max présente son collège. Complète son texte. Lis-le à haute voix. Puis écoute et compare.**

Dans notre col_______, il y a 29 pr_______, 382 élè_______ et 8 surv_______. Ma prof la plus sympa, c'est ma prof d'his_______. Notre princ_______, Madame Lacroix, est géniale aussi. À midi, tout le monde mange à la ca_______. Après, nous jouons au foot dans la c_______ ou nous préparons nos inter_______. Moi, je suis en quatrième_______. Je n'aime pas toutes les mati_______. L'all_______, ça va, mais je préfère le sport. Au col_______, mon end_______ préféré, c'est le gy_______.

12 DELF ▶ 40|2

3 a **Radio Ado a invité Léonie. De quoi est-ce qu'elle parle? Écoute deux fois et coche.**

Shutterstock.com/fizkes

1. ☐ Léonie présente le système scolaire en France.
2. ☐ Le collège termine avec la quatrième.
3. ☐ Au lycée, on prépare le brevet.
4. ☐ Léonie va au lycée.
5. ☐ Léonie est en troisième.
6. ☐ Léonie va aller au lycée pro.

b **Écoute encore une fois et corrige les phrases qui sont fausses. Écris dans ton cahier.**

41|3 **4** **Regarde le dessin, p. 40–41. Qu'est-ce qui va ensemble? Relie.** ▶ Liste des mots, p. 153

l'apprentissage	1	a	der Kindergarten
le lycée pro	2	b	die Grundschule
l'école primaire	3	c	die 10. Klasse
le bac pro	4	d	der mittlere Schulabschluss
la seconde	5	e	die Lehre
le brevet	6	f	die Berufsschule
le CFA	7	g	das berufliche Gymnasium
l'école maternelle	8	h	das Fachabitur

Shutterstock.com/Monkey Business Images

41|4 **5** **Moritz explique le système scolaire allemand à son corres Kilian. Retrouve les expressions qui correspondent et complète son e-mail.**

Shutterstock.com/Monkey Business Images

on passe un examen | on va à | aller en apprentissage | préparer mon examen | à la fin de | on va | quand on a cinq ou six ans | C'est la même chose que (2x)

Salut Kilian! Ça va? Merci pour ton e-mail. Chez nous, ______________________,

on va à la «Grundschule». ______________________ l'école primaire en

France. En Allemagne, après la «Grundschule», ______________ la «Realschule» ou

______________ au «Gymnasium». À la fin du Gymnasium ______________

______________ qui s'appelle le «Abitur». Moi, je suis à la Georg-Hartmann-Realschule.

Maintenant, je suis en classe 9. ______________________ la troisième en France.

L'année prochaine, en classe 10, je dois bosser pour ______________________.

C'est le «mittlerer Schulabschluss». C'est un examen que tous les élèves passent ______________

______________________ la classe 10. Après je vais ______________________

______________________. Tu as encore des questions?

À plus! Moritz

Markiere alle Wendungen, die du für die Aufgabe 4 auf Seite 41 in deinem Buch brauchen kannst.

3 A Ici, c'est le pied!

1 a **Au collège. Trouve l'intrus et coche.**

1. un prof
   - a sympathique ☐
   - b bleu ☐
   - c drôle ☐
   - d dur ☐
   - e gentil ☐

2. une élève
   - a motivée ☐
   - b contente ☐
   - c allemande ☐
   - d demie ☐
   - e timide ☐

3. un cours
   - a vieux ☐
   - b intéressant ☐
   - c cool ☐
   - d dur ☐
   - e formidable ☐

4. une journée
   - a géniale ☐
   - b grise ☐
   - c importante ☐
   - d triste ☐
   - e moche ☐

b **Fais trois séries comme en a. Échangez vos feuilles et trouvez les intrus.** ▶ Liste alphabétique, p. 191–203

2 a **Retrouve les sept formes du verbe *croire* et complète.**
▶ Les verbes, p. 139

I	L	C	R	O	I	S	N	E	F
C	R	O	I	E	N	T	A	U	T
S	U	R	A	I	C	R	U	T	O
U	T	P	C	R	O	Y	O	N	S
A	C	R	O	I	S	S	T	O	U
T	C	C	R	O	Y	E	Z	R	O
I	C	R	O	I	T	R	E		

croire

je ____________ nous ____________

tu ____________ vous ____________

il/elle/on ____________ ils/elles ____________

passé composé

j' ____________

b **Les lettres qui restent en a donnent un message. Note-le.**

____

43|4 **3** **Jamel est aussi en échange en Allemagne. Il parle à ses parents et à ses amis. Écris ses phrases.**
▶ Grammaire, p. 50/1

1. les journées / En Allemagne, / sont / qu'en France / moins longues
2. est / moins drôle / que la prof de maths allemande / Mme Durac
3. la cantine / qu'en France / est moins bonne / Ici,
4. À Homberg, / est plus intéressant / que chez nous / le cours de physique
5. notre principal / est / Leur principal M. Binder / plus cool que
6. sont aussi chers / la FNAC / qu'à / Les livres
7. aussi dures que / Les interros de maths / les interros / de Mme Durac / sont
8. sont beaucoup plus cool / Les cours de sport / qu'en France / en Allemagne

____

____

____

▶▶▶

4 a **Marius compare son collège au collège de son amie française. Des mots se sont mélangés. Corrige le message de Marius.** ▶ Grammaire, p. 50/1

43|4

Salut Lori,

je pense que mon collège à Marburg est beaucoup ~~plus difficiles~~ ___*plus moderne*___ que ton collège. Et notre cour est moins rigolos ____________. Il y a plus d'arbres et nous avons même un jardin. Nous commençons plus chargé ____________ que vous, à 7 h 50, c'est la cata! À midi, je mange mes tartines, des fruits et des petits gâteaux. Je m'achète aussi un truc mais pas toujours parce que c'est très sympa ____________! Avec les profs c'est la même chose qu'en France: ils sont ~~plus moderne~~ ____________ que chez vous. Moi aussi, j'ai des profs qui sont trop cher ____________ et d'autres qui sont plus jolie ____________. Et notre emploi du temps est plus tôt ____________! Vous, vous avez plus de devoirs et nous, nous devons souvent préparer des exposés qui sont meilleur ____________! Une chose que j'ai bien aimée chez vous, c'est votre CDI: il est aussi stressés ____________ que notre bibliothèque!

b **Tim compare son collège en Allemagne au collège en France. Lis ses notes et écris son message dans ton cahier (60–80 mots).** ▶ Grammaire, p. 50/1

43|5

\+

15 Uhr Schluss / mehr Zeit für Hobbys ☺
Lehrer weniger streng
Schüler: motivierter

–

kein Raum für Freistunden
kein CDI, keine Kantine ☹

=

nicht genug Geld: alte Tische + Stühle, alte Computer
viel arbeiten / genauso schwierige Prüfungen

3 B Mon collège

44|2 **1** **Voilà notre collège. Relie les noms aux définitions.** ▶ Liste des mots, p. 155

le documentaliste	1	a	C'est quand on n'est pas d'accord.
la récréation	2	b	C'est l'endroit où on peut acheter des boissons.
la cafétéria	3	c	C'est une matière où on joue au basket.
l'EPS	4	d	C'est quelqu'un qui travaille au CDI.
le conflit	5	e	C'est une personne qui aide les élèves qui ne s'entendent pas bien.
l'infirmerie	6	f	C'est le moment que je préfère et où on peut rigoler avec ses copains.
la médiatrice	7	g	C'est où on va quand on se sent mal.

45|4 **2** **Comparez les sacs à dos de Luc et Yves. Utilisez *plus de / moins de*. A commence. B continue.**

Exemple: *Dans le sac à dos de Yves, il y a moins de stylos.*

45|3 45|4 **3** a **M. Picard, le principal (A), discute avec toi (B). Écris le dialogue dans ton cahier.**

A Qu'est-ce que tu voudrais/aimerais changer? →

B

Je voudrais J'aimerais	changer mon emploi du temps. avoir moins de devoirs. plus de bancs dans la cour. ____. (*deine Ideen*)
Je voudrais avoir la possibilité de/d'	faire des échanges. organiser une fête de classe. ____. (*deine Ideen*)

A Ah, bon. D'accord. / Je comprends. Et qu'est-ce qu'il te manque? →

B

Il me manque	un endroit pour retrouver mes amis. un distributeur de boissons. ____. (*deine Ideen*)
On n'a pas assez de/d'	bédés dans notre CDI. temps libre entre les cours. ____. (*deine Ideen*)

b Note tes idées pour un dialogue comme en a. Entraînez-vous. Jouez vos dialogues et échangez les rôles.

A: Qu'est-ce que tu voudrais

4 a Samia parle de son collège. Écoute deux fois. Qu'est-ce que Samia aime bien 🙂, n'aime pas trop 😐, n'aime pas du tout 😠 dans son collège? Complète le tableau.

13

45|5

🙂	😐	😠
collège en général:	CDI:	collège en général (avant):
– moderne, super beau		
– médiateurs		
	salle du FSE:	salle vidéo:
club:		cantine:
	CPE:	

stock.adobe.com/elena_garder

Shutterstock.com/VGstockstudio

b Écoute encore une fois. Qu'est-ce qui est comme dans ton école, qu'est-ce qui est différent? Qu'est-ce que tu aimerais avoir aussi dans ton collège? Note au moins trois idées dans ton cahier.

3 C Agissons contre la faim!

47|4

1 a Complète les formes des verbes *agir*, *finir*, *choisir*, *réfléchir*.

▶ Les verbes, p. 147

je/j'	ag	____________
tu	fin	____________
il/elle/on	chois	____________
nous	réfléch	____________
vous		____________
ils/elles		____________

Complète les phrases par la bonne forme des verbes de a.

1. J'espère que vous ____________________ bien avant de poster une photo sur Internet.
2. Tu ____________________ des mots de passe différents?
3. Quand j'ai un problème, je ____________________ d'abord et puis je/j' ____________________.
4. Ils discutent pendant des heures, mais ils n' ____________________ pas.
5. ____________________ vos places. Votre prof ____________________ le film.
6. Leur emploi du temps est lourd. Elles ne ____________________ jamais avant 16 heures.
7. Mon père ____________________ mais ma mère, elle ____________________.

2 a Complète les proverbes[1]. Utilise *chacun* ou *chaque*. ▶ Grammaire, p. 51/3

1. ______________ ajoute[2] son grain de sel.
2. ______________ chose en son temps.
3. ______________ pour soi[3].
4. ______________ chose à sa place et une place pour ______________ chose.
5. ______________ balaie[4] devant sa porte.
6. ______________ chose a son prix.

Chaque steht vor dem Nomen.
Chacun/e ersetzt das Nomen (= Pronomen).

1 **le proverbe** das Sprichwort
2 **ajouter** dazugeben
3 **pour soi** für sich
4 **balayer** kehren, fegen

b Dans un dictionnaire en ligne, trouve ces proverbes en allemand. Écris dans ton cahier. Tu peux aussi faire des dessins.

3 47|6

Dans ce jeu de rôle, vous parlez de vos idées pour des actions dans votre école. Préparez vos rôles et jouez (3–4 minutes). A joue le rôle de Julie/Julien, B joue le rôle de Gérald/Géraldine.

Partenaire A = Julie/Julien	**Partenaire B** = Gérald/Géraldine

– Frage, ob **B** schon sein Projekt ausgewählt hat.	– Bejahe und füge hinzu, dass du noch einen Slogan suchst.
– Frage, für welches Projekt **B** sich engagieren will.	– Sage, dass du dich für die Natur engagieren willst und frage zurück, was **A** machen will.
– Sage, dass du den Kindern in Haïti (*de Haïti*) helfen möchtest.	– Du findest das eine gute Idee. Frage, was **A** für seine Aktion machen wird.
– Sage, dass ihr Kuchen backt und sie in der Schule verkaufen werdet.	– Sage, dass das super ist. Frage, welchen Slogan **A** hat.
– Sage, dass dein Slogan „Iss gegen den Hunger" heißt. Frage **B** wie sein Projekt heißt.	– Sage, dass dein Projekt „Der glückliche Mülleimer" heißt.
– Sage, dass das nicht so cool ist. Frage **B**, was er organisieren will.	– Sage, dass du euer Klassenzimmer aufräumen willst. Frage, ob **A** ein Logo hat.
– Bejahe. Sage, dass es ein Kuchen ist, der lacht. Frage, ob **B** auch ein Logo hat.	– Du verneinst und sagst, dass du es noch nicht weißt. Vielleicht ein Mülleimer, der lacht? Frage, ob **A** Sponsoren gefunden hat.
– Sage ja, eure Eltern. Sie geben euch Geld, um die Einkäufe zu machen. Frage, ob **B** auch Sponsoren hat.	– Du verneinst.
– Du fragst **B**, wie er Geld verdienen (*gagner de l'argent*) wird.	– Sage, jeder muss 2 Euro geben um teilzunehmen.
– Frage, ob **B** denkt, dass das funktionieren wird.	– Du sagst, dass du nicht sicher bist.

3 D C'était comment la troisième en 1963?

48|1

1 a Qu'est-ce que c'est? Lis le texte, p. 48 et trouve les mots.

1. C'est le même mot que «à l'époque». C'est ______________________.
2. C'est le contraire de «l'été». C'est ______________________.
3. Aujourd'hui c'est «l'euro». Autrefois, en France, c'était ______________________.
4. C'est quelque chose pour écouter les infos. C'est ______________________.
5. C'est quelque chose qu'on fait dans le gymnase. C'est ______________________.
6. C'est une action qu'on fait quand on travaille le bois. C'est ______________________.
7. C'est comme un journal avec des photos en couleurs. C'est ______________________.
8. C'est quand on fait quelque chose en secret. C'est ______________________.

b Note le contraire ou une définition de ces mots dans ton cahier. ▸ Méthodes, p. 131/22

1 la récréation
4 parfois
7 le flipper
2 différent/e
5 l'informatique *f.*
8 le lycée
3 il nous manque
6 risqué/e

48|1

2 Lis le texte, p. 48 dans ton livre. Trouve les mots ou les expressions dans le texte qui veulent dire:

1. streng sein ______________________
2. wenig Fragen stellen ______________________
3. seine Meinung (nicht) sagen ______________________
4. kochen und tischlern ______________________
5. heimlich rauchen ______________________
6. riskant sein ______________________
7. jeden Tag außer donnerstags und sonntags ______________________

49|4 49|5 **3** **Complète la grille.** ▶ Les verbes, p. 138–141

infinitif	présent	imparfait
travailler	nous ______	je ______
______	nous ______	tu *faisais*
______	nous *finissons*	il ______
______	nous ______	elle *disait*
! *être*	nous ______	nous ______
devoir	nous ______	vous ______
! ______	nous *mangeons*	elles ______
______	nous ______	j' *allais*
sortir	nous ______	elle ______
! ______	nous ______	tu *commençais*

49|6 **4** a **GRAMMAIRE MIXTE: Aouaris nous raconte sa vie de collégien en Éthiopie. Complète le texte par les verbes à l'imparfait. Écris dans ton cahier.**

Aujourd'hui

Aouaris, 24 ans, ingénieur

Autrefois, j' (*être*) le seul[1] de ma famille à aller à l'école et comme il n'y en (*avoir*) pas dans mon village, j' (*habiter*) dans une chambre en ville. Nous y (*être*) à cinq. L'école (*être*) gratuite mais, parce que ma famille n' *avoir* pas d'argent, je (*devoir*) me débrouiller[2] tout seul pour les fournitures[3] et l'uniforme. À l'époque, mes amis et moi, on l' (*acheter*) ensemble et on (*aller*) à l'école à tour de rôle[4]. Quand je n' (*avoir*) pas classe, je (*vendre*) des bracelets. Aller à l'école et à l'université (*être*) pour moi le seul moyen[5] de réussir dans la vie[6].

Il y a 10 ans

La classe de Aouaris

1 **le seul** der Einzige
2 **se débrouiller pour** *hier:* sich selbst um etw. kümmern
3 **les fournitures** *hier:* das Schulmaterial
4 **à tour de rôle** abwechselnd
5 **le moyen** das Mittel, der Weg
6 **réussir dans la vie** Erfolg haben (im Leben)

DELF 49|6 b **Lis le texte et réponds aux questions. Écris les réponses dans ton cahier.**

1. Pourquoi est-ce qu'Aouaris avait une chambre en ville à 14 ans?
2. Combien de personnes dormaient dans la chambre?
3. Qui est-ce qui portait l'uniforme?
4. Qu'est-ce qu'Aouaris faisait pour gagner sa vie?

3 Fais le point

Hier überprüfst du, ob du den Stoff der *Unité 3* beherrschst. Die Lösungen findest du auf S. 94–95.

Vocabulaire

1 **Trouve les mots pour parler du collège et note-les dans ton cahier avec l'article défini.**

1. Ils commencent tôt et finissent tard.
2. On le passe à la fin de la troisième.
3. On y passe le bac.
4. On y apprend à lire et à écrire.
5. C'est l'endroit où les élèves prennent leurs repas.
6. C'est une entreprise qui donne de l'argent pour nos actions.
7. On l'organise pour discuter d'un projet.
8. Ils viennent découvrir notre collège et après, on va chez eux.

Les verbes

2 GRAMMAIRE MIXTE: **Complète par les formes des verbes *agir*, *finir*, *choisir*, *réfléchir* et *croire*.**

1. Le jeudi, elle ___ à 15 heures.
2. Nous ___ contre la faim!
3. Vous ___ (*p. c.*)?
4. Tu ___ trop!
5. Je ___ que tu as gagné!
6. Ils ___ (*p. c.*) ensemble!

Le comparatif de l'adjectif

3 **Ensemble, on est plus fort! Compare. Utilise – *moins* / = *aussi* / + *plus* + adjectif + *que*. Pense à l'accord des adjectifs.**

1. Je crois que mon emploi du temps est ___ (+ / lourd) l'emploi du temps de mon corres.
2. Je crois que mon collège est ___ (– / écologique) ton lycée.
3. Je pense qu'en 1963 les élèves étaient ___ (– / stressé) aujourd'hui.
4. Je trouve que le projet contre la violence est ___ (= / intéressant) le projet sur les escargots.
5. Je pense que les surveillants sont ___ (= / sévère) les profs.
6. Pour moi, les repas à la cantine sont ___ (! + / bon) les repas à la maison.

L'imparfait

4 a **Les vacances de papy. Retrouve les expressions de temps et écris-les.**

1. a n d q u ___
2. t r e a u f o i s ___
3. v e n t s o u ___
4. o û t a f i n ___
5. é t é q u e c h a ___
6. l e s t o u s j o u r s ___
7. q u e l' é p o à ___

b **GRAMMAIRE MIXTE: Des vacances géniales! Complète par les formes des verbes à l'imparfait et les expressions de temps de a qui conviennent.**

Shutterstock.com/Elzbieta Sekowska

1. ___ (*Früher*), mes parents ___ beaucoup et ils ___ peu de vacances. (*travailler / avoir*)
2. ___ (*Jeden Sommer*), mes parents nous ___ chez nos grands-parents et nous y ___ trois mois. (*emmener / rester*)
3. ___ (*Damals*), ils ___ au bord de la mer. (*habiter*)
4. Alors, ___ (*jeden Tag*), nous ___ à la plage. (*aller*)
5. ___ (*Oft*), on ___ des copains sur la plage et nous ___. (*retrouver / s'amuser*)
6. ___ (*Wenn*) mes parents ___, on ___ tristes. (*arriver / être*)
7. ___ (*Ende August*), les vacances ___ et on ___. (*finir / partir*)

Qu'est-ce qu'on dit?

5 **Florian parle de sa vie au collège. Relie.**

Neuf heures de cours le mardi, **1**	**a** à la fin de la troisième.
Je voudrais avoir la possibilité **2**	**b** c'est trop.
Il nous manque un endroit **3**	**c** que la troisième.
La classe 9, c'est la même chose **4**	**d** moins de devoirs qu'aujourd'hui.
Autrefois, on avait **5**	**e** de faire plus d'échanges.
Nous passons le brevet **6**	**f** pour nous amuser.

Die Lösungen findest du auf S. 94–95.

1 a **Zoé se souvient de ses vacances. Lis le texte et note les activités et ses descriptions dans le tableau.**

C'était des vacances magnifiques! Le matin, nous dormions toujours jusqu'à neuf heures. À midi, je préparais le déjeuner avec ma mère. Il faisait beau tous les jours! Alors, tous les après-midis, ma copine et moi, nous allions à la piscine où nous rencontrions nos camarades de classe. Et le soir, je regardais ma série préférée pendant des heures! Mais une fois, je n'ai pas préparé le déjeuner avec ma mère et je ne suis pas allée à la piscine avec ma copine. J'ai pris le bus pour aller voir mon cousin Louis. Quand je suis arrivée chez lui, il m'a montré sa nouvelle voiture. Puis il a eu une idée géniale: passer une semaine dans les Alpes françaises ensemble. J'ai dit oui tout de suite.

le matin ... / toujours ... / tous les jours ... / ...	une fois ... / puis ...
1. *c'était des vacances magnifiques*	8. *je n'ai pas préparé*
2. ______	9. ______
3. ______	10. ______
4. ______	11. ______
5. ______	12. ______
6. ______	13. ______
7. ______	14. ______

b **Quel temps est-ce que Zoé utilise? Complète les encadrés.** ▶ p. 55/4b

Zeitform: ______ für:

- gewohnheitsmäßige / sich wiederholende Handlungen in der Vergangenheit
- bereits andauernde Handlungen
- Beschreibungen von Stimmungen und Zuständen
- Einschätzung eines Ereignisses
- Personenbeschreibungen

Zeitform: ______ für:

- einmalige Handlungen in der Vergangenheit
- neu eintretende Handlungen:
- hintereinander ablaufende Handlungen (Handlungsketten)

2 Qu'est-ce qu'ils ont fait? Regarde les images et écris dans ton cahier. Utilise l'imparfait et le passé composé.

1 Alice • être au roller parc

quand tout à coup • sa corres • appeler

2 Noah • être dans sa chambre; il • ne rien faire

puis • il • avoir une idée géniale

3 tous les jours • les corres allemands et français • faire la fête; la musique • être très forte[1]

une fois • le voisin • crier et frapper[2] à la porte

4 Philippe • attendre • devant la porte; il • ne pas avoir • la clé

quand • son corres • arriver; il • ouvrir la porte

1 fort/e *adj. hier:* laut 2 frapper anklopfen

3 GRAMMAIRE MIXTE: Louis a beaucoup aimé ses vacances avec sa cousine Zoé. Voici son blog de voyage. Souligne les expressions de temps. Puis complète par les formes correctes du passé composé et de l'imparfait.

Tous les jours, nous ______________ (*prendre*) le petit déjeuner dans notre petit hôtel! Et tous les matins, le serveur ______________ (*préparer*) un chocolat pour Zoé et un café au lait pour moi. Il nous ______________ (*offrir*) aussi toujours des croissants frais. Ils ______________ (*être*) délicieux! Mais, le troisième jour de nos vacances, nous ______________ (ne ... pas / *prendre*) le petit déjeuner à l'hôtel: nous ______________ (*partir*) de l'hôtel à quatre heures du matin. Il ______________ (*faire*) plutôt froid! Après, nous ______________ (*prendre*) un petit chemin pour monter à une montagne. Une heure plus tard, nous ______________ (*arriver*) au sommet[1]. Zoé ______________ (*être* en train de) sortir son portable quand, tout à coup, le soleil ______________ (se *lever*). C'______________ une ambiance magnifique!

1 le sommet der Gipfel

1 a **Retrouve les 8 mots pour parler d'un échange. Note-les avec l'article déterminé et les accents/apostrophes dans ton cahier.** ▶ Liste des mots, p. 158–159

B	K	O	K	F	A	M	I	L	L	E	D	A	C	C	U	E	I	L
I	V	Y	A	Z	O	A	C	W	G	F	S	K	O	L	Z	S	T	W
S	É	J	O	U	R	L	I	N	G	U	I	S	T	I	Q	U	E	C
E	L	A	L	L	E	R	G	I	E	P	U	C	L	C	X	U	M	L
Q	M	A	L	E	N	T	E	N	D	U	A	T	S	H	C	X	L	O
U	I	O	P	A	Q	T	F	G	H	J	T	S	C	E	V	L	Y	S
O	A	R	R	I	V	E	E	X	F	E	T	E	D	A	D	I	E	U

b **Matti raconte. Complète par cinq mots de a. Si nécessaire, ajoute les articles.**

En mai, nous avons fait un échange scolaire. On est parti à Nantes. Dans ma ______________________, il y avait un chat et deux chiens. C'était la catastrophe! Pas parce que je fais ______________________ mais parce que j'ai peur des animaux: j'ai une peur bleue[1]! Alors, j'ai changé de corres! Après, tout s'est bien passé et notre ______________________ était vraiment génial. Sauf au ______________________. ☺ Mais bon. À la ______________________ tout le monde a rigolé de mon histoire, et moi et mon premier corres aussi!

1 **la peur bleue** die Heidenangst/Mordsangst

2 **Pendant ton échange scolaire en France tu parles avec ta famille d'accueil. Qu'est-ce que tu dis? Relie.**
▶ Les mots pour le dire, p. 218/31

Est-ce que tu peux	1		a	végétarien/végétarienne.
Quel est	2		b	faire aujourd'hui/demain?
Je suis	3		c	une soirée/journée libre.
Je ne mange pas	4		d	le mot de passe du WIFI?
On a	5		e	me lever demain?
Quand est-ce que je dois	6		f	répéter, s'il te plaît?
Qu'est-ce qu'on va	7		g	de porc/poisson.

DELF **3** **Dans l'exercice, p. 59/6 (dans ton livre), tu écris ton portrait pour te présenter à un/e correspondant/e. Complète ton portrait par d'autres informations intéressantes. Écris d'abord dans ton cahier, puis présente-toi devant un miroir (1–2 minutes).**

Parle de:
- ton auteur/e préféré/e, ton livre préféré
- ton acteur/actrice préféré/e
- ton groupe préféré, ton style de musique préféré
- Qu'est-ce qui te plaît en général?
- Qu'est-ce qui t'énerve le plus?
- Qui est-ce que tu admires le plus?
- Pourquoi est-ce que tu veux participer à un échange scolaire?

1 a Lis la réponse de Rémi à une invitation de Lola. Quelle est sa structure? Note les phrases à côté des «fonctions».

Rémi

Salut Lola! Merci pour ton invitation! J'ai très envie de venir à ta fête et j'ai le temps samedi à 17 h. Je vais apporter du jus d'orange et une salade de fruits. À samedi! Bisous Rémi 12:34

fonction	phrase/s dans le message
commencer le message	___
remercier et répondre au message reçu	___
accepter l'invitation	___
finir le message	___

b Relis la réponse de Rémi sous a et imagine l'invitation de Lola. Écris dans ton cahier.

2 Tu as reçu cette invitation d'un copain / d'une copine. Tu veux l'accepter mais tu peux seulement venir une heure plus tard. Écris la réponse et dis aussi pourquoi tu vas venir plus tard (60–80 mots).
▶Méthodes, p. 130/F

Salut! Ce soir, on va au parc pour jouer au volley. Tu viens aussi? On va se retrouver à 18 h à l'entrée. Tout le monde apporte des boissons! Réponds vite. À plus, j'espère, David 13:12

Voici des idées pour donner des raisons:
préparer un exposé faire mes devoirs aider ma mère / mon père
être chez mes grands-parents avoir entraînement de foot/tennis/___ ___

Toi

Salut! ___

___

___

___

13:20

3 Écrivez sur vos smartphones des messages avec des invitations. Répondez à ces invitations.

Tu es en forme pour l'unité 4? facultatif

1 **On découvre le monde du travail. Regarde les photos. Quel est leur métier? Écris dans ton cahier.**

2 a **Une interview avec un danseur[1]. Retrouve les questions du journaliste et relie.**

1 le danseur der Tänzer

Pourquoi	1	a	est-ce que vous invitez à vos spectacles?
Qui	2	b	est-ce que vous avez choisi ce métier?
Où	3	c	est-ce que vous avez déjà dansé?
Qu'	4	d	est-ce qui est votre danseur préféré?
Qui	5	e	est-ce que vous commencez l'entraînement pour un spectacle?
Quand	6	f	est-ce que vous mangez avant le spectacle pour avoir de l'énergie?

b **Trouve pour chaque question de a la bonne réponse du danseur. Note les numéros correspondants.**

A J'ai toujours voulu danser! Le théâtre, c'est ma vie! ☐

B J'ai déjà dansé à Montpellier, à Paris et au Québec. ☐

C Mon héros, c'est Rudolf Noureev! Je l'admire beaucoup. ☐

D Ça dépend. Nous nous entraînons souvent pendant deux mois. ☐

E J'invite toujours ma famille et parfois mes amis. ☐

F Avant le spectacle, je ne mange rien. Je mange toujours après avec toute l'équipe! ☐

1 14

c **Écoute l'interview et compare avec tes solutions de a et b.**

3 **Le danseur travaille dans un théâtre. Il parle de sa journée de travail. Complète.** ▶ Grammaire, p. 20/2

se coucher   se dépêcher   se doucher   s'entraîner   se lever   se maquiller   se sentir   s'habiller

Danser, c'est ma passion et je ____________ très bien au théâtre. Mais je travaille toujours le soir. Alors, je ____________ tard, à 10 heures. Le matin, je fais les courses, je range mon appartement ou je lis un peu. À midi, je mange une salade et je vais au théâtre. Avec les autres danseurs, nous ____________ de 14 à 17 heures. Après, on prend un café ensemble et on discute un peu. À 18 heures, je ____________ pour le spectacle. Après, je ____________. Pour ça, je prends mon temps. Le spectacle commence à 20 heures et je danse jusqu'à 22 heures. Après, je ____________ et je mange avec l'équipe. Puis, je ____________ pour rentrer à la maison. Je ____________ tard, après minuit.

4 Vingt élèves allemands ont passé une semaine à Strasbourg, en France. Leurs corres français ont écrit un article pour le blog de leur collège. Complète par ces verbes au passé composé.

arriver danser écrire offrir organiser partir rentrer

Hier soir, nous ______________ une fête-surprise pour les élèves allemands. D'abord, nous ______________ ! Puis les élèves allemands nous ______________ un cadeau formidable: une photo de toute la classe. Sur la photo, les élèves portent des tee-shirts bleus, blancs et rouges ☺. La photo est super! Ce matin nos copains ______________ : ils ______________ en Allemagne en train. Ils nous ______________ un message quand ils ______________ à Ingolstadt. Aujourd'hui, nous sommes un peu tristes mais en décembre, nous allons passer une semaine à Ingolstadt! Et ça, c'est trop cool!

Amel, Sarah, Nicolas et Rachid/4ᵉ A

5 Madame Lagrange a deux enfants, Laurence et Pascal. Laurence raconte. Complète par ces verbes à l'imparfait.

aimer avoir (3x) être (2x) faire habiter jouer vouloir (2x)

Moi, j'habite à Paris et j'adore habiter ici. Quand ______________ six ans, j'______________ à Carcassonne avec ma famille. Je n' ______________ pas cette ville parce qu'en été, il y ______________ toujours trop de touristes. Ils ______________ partout! Mon frère et moi, on ______________ souvent à la maison. Notre endroit préféré, c'______________ le jardin derrière la maison. Moi, je ne ______________ pas jouer dans la rue parce que j'______________ peur. Notre grand-mère ______________ souvent des promenades dans les rues de Carcassonne. Mais nous, nous ne ______________ jamais aller avec elle.

6 Nathalie rêve. Complète par les formes du verbe *pouvoir* et les infinitifs suivants.

aller dormir jouer manger

1 le rêve der Traum

Dans mon rêve[1], on ______________ ______________ jusqu'à midi. Les enfants ______________ ______________ toute la journée. Nous ______________ ______________ en vacances toute l'année. Je ______________ ______________ mon plat préféré tous les jours. C'est génial!

Unité 4 Le monde professionnel

Approches

RÉVISER

1 **Tu connais déjà beaucoup de métiers. Fais les mots croisés.** ▶ Liste alphabétique, p. 174–190

a. Le **1** travaille à la médiathèque.
b. Tu connais Tintin, le célèbre **2** ?
c. Dans mon collège, il y a un **3** , des **4** et des **12** .
d. Le **5** organise une action contre la violence.
e. Cet **6** de cinéma est une **11** en France.
f. La **7** apporte une robe verte.
g. Le **8** du bateau qui a chaviré appelle le **10** .
h. Un **9** dessine les plans des maisons.
i. Demande au **13** s'ils servent des frites.

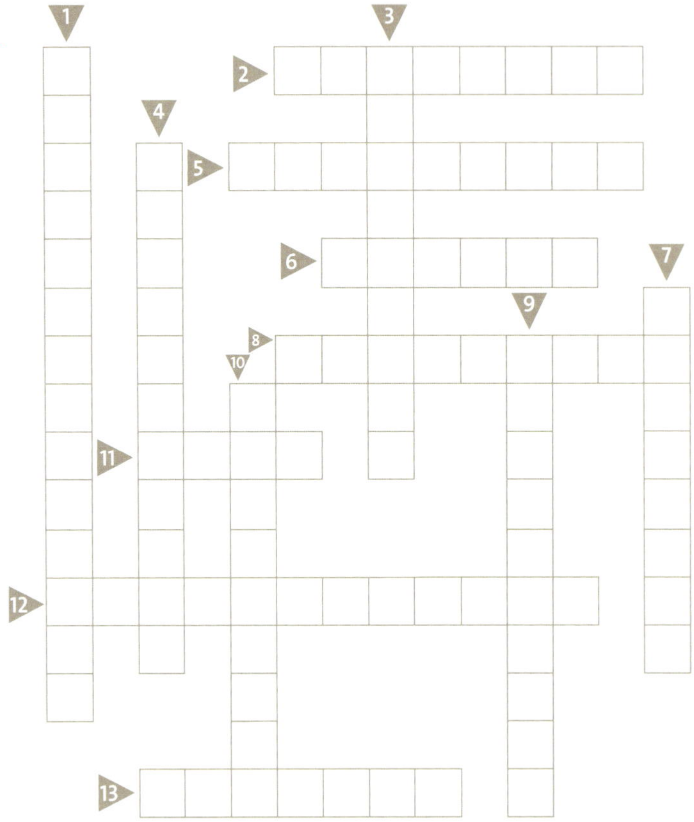

RÉVISER 15 DELF

2 a **Ils ont trouvé un job de rêve! Écoute et note les numéros correspondants. Il y a une photo en trop.**

b **Écoute encore une fois et complète. Qui raconte au passé composé *(pc)*? Qui au présent *(p)*? Qui au futur composé *(f)*?**

▶ 64|1 **3** **Ils parlent de leurs jobs d'été. Retrouve d'abord les phrases puis relie.**

une travaillé dans librairie J'ai	1	a	qui a quatre chats et cinq perruches.
architecte chez J'ai un travaillé	2	b	et j'ai rangé des tee-shirts sur des étagères.
de un trouvé un J'ai job magasin vêtements dans	3	c	et j'ai coupé des fruits cinq jours par semaine.
restaurant un J'ai stage fait dans un	4	d	et j'ai vendu des livres et des bédés.
suis Je des voisine occupé animaux de ma me	5	e	qui construit des salles de sport.
candidature ma posé un dans garage J'ai	6	f	mais ça n'a pas marché.

4 64|1

Qu'est-ce que tu voudrais devenir plus tard? Discutez à deux. A commence. Puis échangez les rôles.

A Qu'est-ce que tu voudrais devenir plus tard?

B

Je voudrais J'aimerais	être devenir	mécanicien. serveur. architecte. / ___.
	faire	de la menuiserie. de la musique. du cinéma. / ___.
	m'occuper	d'un jardin. d'enfants. / ___.

A

Architecte! Prof de sport! Chef d'entreprise! ___	C'est Ce n'est pas	génial. formidable. intéressant. une bonne idée. ___.	Et pourquoi est-ce que tu veux faire ça?

B

Parce que	j'adore j'aime	la vie	dans un café. dans un zoo. / ___.
		organiser des réunions. dessiner des plans. discuter avec les gens. / ___.	
	ma passion, c'est	la mécanique. la nature. les animaux. / ___.	
	c'est un métier où	on s'occupe des enfants. on a du temps libre. on fait beaucoup de voyages. / ___.	

A

Oui! Et l'avantage, c'est qu'	on est on travaille	dehors. avec des élèves. en équipe. / ___	
	on a	beaucoup de/d'	vacances. temps pour ses hobbies. ___.
	on gagne		argent.
	on rencontre on découvre	des gens intéressants. des endroits formidables. / ___.	

B

Par contre,	on n'a pas	souvent de vacances.	
	il faut on doit	se lever tôt. être toujours motivé. se coucher tard. / ___.	
		travailler	souvent parfois	la nuit. le week-end. ___.

4A Vous vous êtes amusés ou ennuyés en stage?

16 DELF 66|1

1 **C'était comment? Écoute les histoires et trouve le bon commentaire. Relie. Attention, il y a un intrus!**

a C'était intéressant!
b C'était gentil!
c C'était moderne!
d C'était drôle!
e Ce n'était pas très sympa!
f C'était long!
g Ce n'était pas cher!

1. ______
2. ______
3. ______
4. ______
5. ______
6. ______

66|2 **2** **Plus tard, Marjorie voudrait faire de la bédé. Retrouve le bon ordre. Après, écris le texte dans ton cahier.**

[ ] a C'est pourquoi je voudrais faire un stage à Angoulême.
[ ] b Par exemple, dans le bus ou le métro.
[ ] c Quand je réfléchis, je vois tout en dessins.
[1] d Ma passion, c'est la bédé.
[ ] e Parce que ce n'est pas facile de gagner sa vie dans ce métier.
[ ] f L'avantage, c'est que je peux m'entraîner partout.
[ ] g Par contre, mes parents ont peur pour mon avenir.

Shutterstock.com/ImageFlow

17 67|4 **3** **Maurice (A) a une grande sœur (B) qui a déjà tout fait avant lui! Complète le dialogue. Conjugue le verbe au passé composé. Puis écoute et corrige.** ▶ Grammaire, p. 74/1

A: Je me sens bien parce que je fais un stage super.

B: Moi aussi, *je me suis sentie* bien quand j'ai fait mon stage!

A: Je m'amuse avec mon équipe!

B: Moi aussi, ______ avec mon équipe!

A: Après le travail, je m'entraîne pour le championnat de foot!

B: Moi aussi, ______ pour le championnat de natation!

A: Je m'engage aussi pour l'écologie!

B: Moi aussi, ______ pour l'écologie!

A: Et je ne m'énerve jamais à cause de ma sœur!

B: Moi non plus, ______ jamais ______ à cause de mon frère!

67|4

4

Nathan a fait un stage. Aide-le à faire son rapport de stage. Souligne d'abord les verbes et mets-les au passé composé. Attention: comment était sa journée? Mets un verbe à l'imparfait. Écris dans ton cahier.

▶ Grammaire, p. 82/1

faire un stage dans une boulangerie	*j'ai fait* ____
vendre du pain et des croissants	____
un jour se lever à quatre heures du matin	____
la journée être dure	____
rentrer à la maison	____
se coucher tôt	____

Nathan, 15 ans

stock.adobe.com/goodluz

67|5

5

a **Des annonces très intéressantes. Complète le tableau.** | Berufsnamen werden oft von der Handlung oder von dem Ort abgeleitet, wo die Person arbeitet. Mit Hilfe einer Umschreibung kannst du viele Berufsnamen schon verstehen. ▶ Méthodes, p. 131/22

boulanger, ère, personne qui travaille dans une boulangerie

Métier	C'est quelqu'un qui travaille dans / qui fait / ____	En allemand
boulanger	____	____
libraire	____	____
menuisier	____	____
restaurateur	____	____
conducteur de bus	____	____
journaliste	____	____
cuisinier	____	____
entrepreneur	____	____
conducteur	____	____

FR DE

DELF

b **Ton corres Éric cherche un stage en Allemagne. Il ne comprend pas les noms des métiers. Explique-les lui.**

1 Architekturbüro sucht zur Verstärkung seines Teams **eine/n Zeichner/in** für Pläne und Grundrisse.

2 Fußballverein sucht **Trainer/in** für Juniormannschaft, immer dienstags, 16:00–18:00

3 Bio-Bauernhof bei Passau sucht für die Pflege seiner Tiere und seines Gartens **eine/n zupackende/n Landwirt/in.**

1. *Zeichner/in, c'est quelqu'un qui* ____
2. *Trainer/in,* ____
3. ____

4 B Ma lettre de motivation

68|1 **1** **Le CV de Laure Bonnet n'est pas complet! Complète-le par les mots dans l'encadré.**

Expérience professionnelle Nom Date et lieu de naissance[1] E-mail Langues Prénom Numéro de téléphone Formation[2] Hobbys Projet professionnel Adresse Connaissances[3] en informatique

Shutterstock.com/Elena Nichizhenova

______________________	Bonnet
______________________	Laure
______________________	114, rue de la liberté, 75019 Paris
______________________	01.71.X3.41.X8
______________________	lau.bonnet@mail.frc
______________________	née le[4] 4 juillet 2007 à Paris
______________________	travailler dans une boulangerie/pâtisserie
______________________	2022: brevet des collèges Collège Mozart à Paris
______________________	octobre 2021: stage en entreprise Boulangerie-Pâtisserie «Au croissant délicieux»
______________________	français (langue maternelle), allemand (Niveau B1) anglais (Niveau A2)
______________________	Word, Powerpoint
______________________	faire des gâteaux, faire la cuisine, jouer au handball

1 **date et lieu de naissance** Geburtsdatum und -ort
2 **la formation** die Ausbildung
3 **les connaissances** *f. pl.* *hier:* die Kenntnisse
4 **être né/e le** geboren sein am

69|6 **2** **Lucas écrit des lettres. Choisis la bonne formule.**

Slt Cher papy Monsieur, Madame Je t'embrasse! Respectueuses salutations À +

Pour commencer	un message à ses copains	une carte postale à son grand-père	une lettre de motivation
Pour terminer	un message	une lettre à sa copine	une lettre de motivation

69|3 **3** **S'occuper des enfants Duval, ce n'est pas facile! Complète avec *être en train de* ou *venir de*.**

1. – Il faut ranger!
   – Mais je ______________________ regarder un film!

2. – À table!
   – Non, merci, je ______________________ prendre mon goûter!

3. – Qui s'occupe des poissons?
   – Je ______________________ les mettre dans la piscine!
4. – Va sous la douche!
   – Ah non! Je ______________________ me maquiller!

5. – Allez, au lit!
   – Je ______________________ appeler ma copine!
6. – Je ______________________ rêver!

69|7 **4** **Ton cousin veut faire un stage dans un garage en France. Il a traduit sa lettre de motivation à l'aide d'un programme de traduction. Corrige ce qui n'est pas correct dans la lettre en français. Écris dans ton cahier. N'oublie pas les formules de politesse[1].** ▶ Fiche, p. 129/E

1 **la formule de politesse** die Höflichkeitsformel

Salut,
J'ai lu juste votre motivation du 14 novembre et je vais poser la candidature.
Je suis en deuxième année d'apprentissage et je vais finir mon métier de mécanicien de formation à la fin de l'année. Au cours de ma formation, je voulais faire un stage à l'étranger. Je parle bien anglais (niveau B1) et un peu français (niveau A1).
Les voitures sont ma passion et j'ai très intéressé de votre entreprise. L'année prochaine, quand j'étais en classe de neuvième je faisais déjà un stage avec un garage.
Je joins aussi mon CV.
J'espère que je peux bientôt vous connaître.
Avec les amitiés
Markus Schmidt

Sehr geehrte Damen und Herren,

ich habe gerade Ihre Anzeige vom 14. November gelesen und ich möchte mich bewerben.
Ich bin im zweiten Ausbildungsjahr und werde meine Facharbeiterausbildung als Mechaniker Ende des Jahres abschließen. Im Rahmen meiner Ausbildung möchte ich ein Praktikum im Ausland machen. Ich spreche gut Englisch (Niveau B1) und ein wenig Französisch (Niveau A1).
Autos sind meine Leidenschaft und Ihr Unternehmen interessiert mich sehr. Letztes Jahr, als ich in der 9. Klasse war, habe ich schon ein Praktikum in einer Autowerkstatt gemacht.
Ich lege Ihnen auch meinen Lebenslauf bei.
Ich hoffe, dass ich bald Ihre Bekanntschaft machen kann!

Mit freundlichen Grüßen,
Markus Schmidt

4 C Tout était normal quand tout à coup …

70|1 **1** **Pendant ton stage, tu dois installer un décor de film. Voilà les notes du réalisateur. Lis-les et fais un dessin.**

Au centre, il y a la piscine. Au milieu de la piscine, il y a une bouée[1]. À droite de la piscine, il y a un transat. Sur le transat, il y a un manteau. À gauche de la piscine, il y a une poubelle. À côté de la poubelle, il y a un ballon. Entre la piscine et la poubelle, il y a un chat avec des lunettes de soleil. De l'autre côté de la piscine, en face du chat, il y a un livre fermé. Derrière la piscine, il y a un chemin qui part vers la gauche, et au bout du chemin, il y a un escargot.

1 la bouée *hier:* der Schwimmreifen

2 a **Complète le poème avec les mots suivants et l'adjectif possessif qui convient.** ▶ Liste alphabétique, p. 174–190

le ballon   les catastrophes
la capsule   le chef
le garage   le moment
le petit-déjeuner
le printemps   le rapport

Chaque bouteille a *sa capsule* ____________,
chaque footballeur a ____________,
chaque job a ____________.
Chaque croissant a ____________,
chaque voiture a ____________,
chaque stage a ____________.
Chaque hiver a ____________,
chaque vie a ____________,
chaque journée a ____________ heureux!

18 b **Écoute et corrige ton poème si nécessaire. Puis écris un poème comme en a.**

RÉVISER

3 **Complète les mini-dialogues. Utilise *ne … pas encore/jamais/plus/rien/personne*.**

1. Je ______ ai ____________________ compris!
2. Je ______ y suis ____________________ allé!
3. Je ______ l'ai ____________________ vu!
4. Il ______ y a ____________________ !
5. Il ______ est ____________________ là.

RÉVISER

71|4

4 **Enzo était seul au garage. Lis son message et souligne d'abord les expressions de temps. Puis entoure les formes des verbes qui conviennent.** ▶ Grammaire, p. 75/4

Hier, *j'ai travaillé / je travaillais* dans le garage à côté de chez moi. Et comme d'habitude, il y *a eu / avait* beaucoup de travail. D'abord, *j'ai apporté / j'apportais* des cafés aux clients et *j'ai rangé / je rangeais* les étagères. Comme toujours, ça *n'a pas été / n'était pas* très intéressant mais *je ne me suis pas ennuyé / je ne m'ennuyais* pas. Tout à coup, le téléphone *a sonné / sonnait*. Alors, le chef *a répondu / répondait*. Au début, il *a discuté / discutait*. Puis, il *a dû / devait* partir très vite et moi, *je suis resté / je restais* seul au garage. Alors, *j'ai sorti / je sortais* mon portable et *j'ai téléchargé / je téléchargeais* des chansons. À la fin, *j'ai bien rigolé / je rigolais bien*.

RÉVISER

71|5

5 a **Ils racontent des histoires. Regarde chaque image et lis les mots. Quand est-ce que l'action commence? Mets une étoile (☆).** ▶ Grammaire, p. 75/4

a faire beau
b mer / être belle
c vague / arriver
d bateau / chavirer / tomber à l'eau

a attendre le bus / comme d'habitude
b une voiture / arriver
c une fée / sortir de la voiture
d donner un cadeau

a faire gris et froid
b marcher / depuis des heures
c le soleil / sortir
d découvrir un restaurant magnifique

b **Écris dans ton cahier au moins deux mini-histoires de a. Utilise l'imparfait (avant l'étoile) et le passé composé (après l'étoile).** ▶ Grammaire, p. 75/4

Remplace l'étoile ☆ (= l'action qui commence) par ces mots: *alors, là, tout à coup.*

4 D Félix Jeunet à l'appareil ...

73|6 **1 a** Retrouve les formes du verbe *savoir*. ▶ Les verbes, p. 140

aisusavaissavonssaissaitsaventsavezsais

savoir

présent				passé composé
je	______	nous	______	j' ______
tu	______	vous	______	imparfait
il/elle/on	______	ils/elles	______	je ______

73|7 **b** C'est la cata au bureau! Complète par les formes des verbes *savoir* ou *pouvoir* au présent. ▶ Grammaire, p. 75/5

1

– ______-tu finir ce rapport?

– Je ne ______ pas si j'ai le temps!

2

On ne ______ pas télécharger les candidatures. Qui ______ nous aider?

3

Nous ne ______ pas les prendre, ils ne ______ rien faire!

4

______-vous appeler nos clients parce que vous ______ bien parler anglais.

19 DELF 72|4 **2 a** Tu travailles dans une location de bateaux qui cherche un/e collègue pour les mois d'été. Trois personnes (Gabin, Armance, Augustin) ont répondu à ton annonce. Écoute leurs messages et prends des notes.

	message 1	message 2	message 3
nom:			
âge:			
langues parlées:			
expérience avec les bateaux:			
qualité/défaut: (à mon avis)			

b Écoute encore une fois et complète tes notes. Avec qui est-ce que tu voudrais travailler? Pourquoi? Réponds en une phrase.

73|8

3 a **Marie répond à une annonce. Relie chaque réponse à la bonne question.**

Bonjour! Qui est à l'appareil?	1	a	Non, mais je suis très motivée!
Avez-vous déjà travaillé dans une sandwicherie?	2	b	Oui, mon niveau d'anglais est assez bon!
En août, c'est 5 euros de l'heure. Ça vous va?	3	c	Euh, oui, je suis d'accord.
Pas d'expérience, alors. Mais parlez-vous anglais?	4	d	J'appelle à cause de l'annonce.
C'est à quel sujet?	5	e	C'est Marie Delteil.
Et êtes-vous libre cet été?	6	f	J'ai le temps au mois d'août.

b **Reformule les questions par inversion (2, 4 et 6) en questions avec *est-ce que*.** ▸ Grammaire, p. 74/3

20

4 **Tu veux appeler l'entreprise où tu as posé ta candidature. Écoute et répète ces phrases à l'envers.**

1. a L'annonce.
   b À cause de l'annonce.
   c J'appelle à cause de l'annonce.

2. a Très motivé/e.
   b Je suis très motivé/e.
   c Non, mais je suis très motivé/e!

3. a Parler anglais.
   b Bien parler anglais.
   c Je sais bien parler anglais.

4. a Mois d'août.
   b Temps au mois d'août.
   c J'ai le temps au mois d'août.

73|9

5 **Tu veux faire un stage dans un magasin de jeux vidéo. Tu (B) appelles. Faites le jeu de rôle (3–4 minutes). Puis échangez les rôles.** ▸ Exercices 3 et 4 ▸ Les mots pour le dire, p. 213/18

Partenaire A = l'élève français/e	Partenaire B = jeune qui veut faire un stage
– Das Telefon klingelt. Du hebst ab und fragst, wer am Apparat ist.	– Du grüßt und stellst dich vor. Du sagst, dass du A sprechen möchtest.
– Du sagst, dass du A bist und fragst nach dem Grund des Anrufs.	– Du sagst, dass du wegen der Anzeige anrufst und dass du gern dein Praktikum im Computerspielgeschäft machen möchtest.
– Du sagst, dass der Platz noch frei ist, und fragst B nach seinem/ihrem Alter, nach seiner/ihrer Schulklasse und nach seiner/ihrer beruflichen Erfahrung.	– Du sagst, dass du 15 Jahre alt bist, dass du in die neunte Klasse gehst und dass du schon einen Monat in einer Bäckerei gearbeitet hast.
– Du fragst, welche Programme B benutzen kann und ob B sich mit Computerspielen gut auskennt.	– Du sagst, dass du seit drei Jahren am Computerclub teilnimmst und viele Spiele kennst.
– Du fragst, welche Sprachen B spricht.	– Du sagst, dass du gut französisch sprichst.
– Du findest das gut und vereinbarst einen Termin für den nächsten Dienstag.	– Du sagst, dass du am Dienstag kommen kannst und verabschiedest dich.

4 Fais le point

Hier überprüfst du, ob du den Stoff der *Unité 4* beherrschst. Die Lösungen findest du auf S. 95.

Vocabulaire

1 **Julien et Marie parlent de leurs expériences. Qu'est-ce qu'ils disent?**

1. Julien sagt, dass er Tiere mag und deshalb ein Praktikum in einem Zoo machen will.

____

____

2. Marie meint, dass der Vorteil ihres Ferienjobs ist, dass sie draußen arbeiten kann.

____

____

3. Sie bedauert aber, dass sie oft früh aufstehen muss.

____

____

Les verbes pronominaux au passé composé

2 **Annie raconte son week-end sur son blog. Complète par les formes des verbes pronominaux au passé composé.**

s'amuser   se maquiller   se dépêcher   s'entraîner   s'ennuyer   s'habiller (2x)   se lever   s'occuper

Ce week-end, je ne __________ pas ______________________ avec ma copine Charlotte. Dimanche, nous ______________________ ______________________ à 9 heures. D'abord, je

______________________________ de ses chats. Ensuite, nous ______________________________ pour retrouver Rémi à la piscine. Charlotte ______________________________ pour un concours de natation. Rémi et moi, on ______________________ bien ______________________! Après la piscine, nous ______________________________. Rémi ______________________________ assez vite, mais nous les filles, nous ______________________________ pendant une heure!

Les verbes *savoir* et *pouvoir*

3 **Qu'est-ce qu'ils savent faire? Complète les phrases par *savoir* ou *pouvoir*.**

1. Il ne ______________________ pas chanter.
2. Elles ne ______________________ pas chanter.
3. Elles ne ______________________ pas regarder leur série préférée.
4. Il ne ______________________ pas nager.
5. Il ______________________ faire du cheval!

Le passé composé et l'imparfait

RÉVISER

4 **Voici des scènes de films célèbres. Raconte ce qui se passe. Utilise l'imparfait et le passé composé.**

1. No • habiter déjà • dans la rue • quand • Lou • rencontrer • la jeune fille.

   ____

2. Le grand reporter Tintin et son chien Milou • chercher • depuis longtemps • le bateau «la Licorne» • quand • ils • faire la connaissance du Capitaine Haddock.

   ____

   ____

3. Philippe • ne plus avoir confiance en la vie • quand • Driss • commencer à travailler pour lui.

   ____

   ____

Qu'est-ce qu'on dit?

5 **Relie.**

Pour commencer une lettre de motivation:	1	a	Respectueuses salutations
Pour terminer une lettre de motivation:	2	b	C'est à quel sujet?
Pour dire au chef que tu voudrais le rencontrer:	3	c	C'était une expérience géniale!
Quand la personne que tu appelles n'est pas là:	4	d	Monsieur, je viens de lire votre annonce du 22 janvier.
Pour parler des désavantages du babysitting:	5	e	Travailler avec des enfants, c'est dur parce qu'on n'est jamais seul!
Pour dire que le stage t'a beaucoup plu:	6	f	J'espère pouvoir faire bientôt votre connaissance.
Pour demander de quoi la personne veut parler:	7	g	Est-ce que je peux laisser un message?

Die Lösungen findest du auf S. 95.

Tu es en forme pour l'unité 5? facultatif

1 a Comment est-ce qu'on décrit une personne? Complète ce tableau avec les mots et les expressions que tu connais déjà. Écris dans ton cahier. ▶ Liste alphabétique, p. 191

la taille[1]	*les yeux*	*les cheveux*	*les vêtements*	*Il/Elle est comment?*
Il/Elle est ___	*Il/Elle a les yeux* ___	*Il/Elle a les cheveux* ___	*Il/Elle porte un/une* ___	*Il/Elle a l'air* ___ *Il/Elle est* ___

1 **la taille** die (Körper-)Größe

21 DELF

b Ton corres va arriver à l'aéroport[1] demain. Écoute et regarde le dessin. C'est qui? Coche. 1 **l'aéroport** *m.* der Flughafen

c Faites des devinettes. A choisit une personne du dessin de b et la décrit. B devine qui c'est. Puis échangez les rôles. Utilisez les expressions de a.

2 a Retrouve les adjectifs et fais une liste. Ajoute aussi les formes féminines. ▶ Liste alphabétique, p. 174

nou · heu · drô · malheu
jo · li · gra · joy
nor · fa · di · formi · hor

le · li · cile · veau
rect · rible · reux · reux · bre
tuit · mal · eux · dable

____

____

____

b Dans ta liste de a, souligne tous les adjectifs qui vont devant les noms. ▶ Grammaire, p. 35/4

3 a Marion parle du week-end dernier. Qu'est-ce qui s'est passé? Trouve d'abord pour chaque image la bonne phrase (▶ p. 65). Puis complète par les bons verbes au passé composé.

je suis (rentré/rentrée)
j'ai (chanté)
je me suis (amusé/amusée)

1 
2 
3 
4 

voir paniquer vouloir rigoler se dépêcher sortir tomber

A Mon copain est toujours en retard. Dimanche, il ________________ pour arriver au théâtre à 20 heures.

B C'est mon chat Tigre. Il ________________ à cause du chien des voisins et il ________________.

C Au théâtre, on ________________ des acteurs géniaux! On ________________ toute la soirée.

D Samedi, nous ne ________________ pas ____ ____ ____ parce que nous ________________ regarder un film à la télé sur une ONG qui travaille au Tchad.

b **C'était comment? Trouve des commentaires pour chaque situation de a. Écris dans ton cahier.**

formidable sympa super intéressant génial le pied fou trop cool ____

dommage horrible l'horreur nul la cata risqué ____

4 a **Simon parle d'autrefois. Complète par les verbes à l'imparfait.** ▶ Grammaire, p. 51/4

avoir (2x) construire être (2x) habiter jouer

Quand j'____________ cinq ans, j'____________ dans le sud de la France. On ________________ une maison très grande et notre jardin ________________ formidable. Ma sœur et moi, on ________________ dehors tous les après-midi. C'________________ génial! Nous ________________ souvent des cabanes. Un jour, nous avons entendu un bruit chez les voisins ...

b **Louise raconte son matin pas comme les autres. Retrouve l'ordre de son histoire.**

- [ ] **a** J'ai posé mon café sur la table. Puis, je suis allée dans le couloir et j'ai ouvert la porte.
- [ ] **b** À côté de la clé, il y avait un numéro de téléphone et un message: «Au secours!»
- [ ] **c** Il n'y avait personne ...
- [ ] **d** Mais tout à coup, j'ai vu une clé devant mes pieds.
- [ ] **e** Au petit-déjeuner, je prenais un café avec beaucoup de lait comme d'habitude.
- [ ] **f** C'était dimanche.
- [ ] **g** À 7 heures, on a sonné à la porte.
- [ ] **h** Tout le monde dormait encore sauf mon chat qui était avec moi dans la cuisine.

c **Choisis une des histoires (a ou b) et écris la fin. Qu'est-ce qui s'est passé? Utilise des expressions de temps pour structurer ton texte.** ▶ Grammaire, p. 75/4

après ensuite puis plus tard tout l'après-midi tout à coup là

Unité 5 La Loire à vélo

Approches

RÉVISER

1 **Quelle est la couleur du foulard d'Hervé? Lis les phrases et trouve la solution.**

Aurélien n'a pas les cheveux longs et il porte une ceinture. Hervé ne met jamais de vêtements blancs. Le garçon qui porte la casquette ne s'appelle pas Aurélien. Luc a une mèche brune et un foulard rouge. Martin adore porter des foulards et des ceintures et il déteste le rouge. Le garçon avec les lunettes de soleil est le petit copain de Joséphine.

Quelle est la couleur du foulard d'Hervé? ______________________

RÉVISER

22

DELF

2 **Nos amis visitent un musée. Qui est qui? Écoute le guide et relie. Attention, il y a deux intrus!**

1

2

a Charles VIII

b Anne de Bretagne

c Henri IV

d Agnès Sorel

e Catherine de Médicis

f François 1er

3

4

L 80|2 81|3

3 Jérôme fait un exposé sur la Loire. Retrouve les mots et complète sa fiche. ▶ Texte et carte, p. 80–81

____

____________  ____________

____

Des vacances au bord de l'eau

le ____________ : Loire

des r ____________ visitées: 2

des d ____________ traversés: 6

des ____________ célèbres:

Angers à l'____________ de Tours

Amboise à l'____________ de Tours

Azay-le-Rideau au ____________ de Tours

Blois au ____________ de Cheverny

4 a Comment est-ce qu'ils passent leurs vacances? Note une phrase sous chaque dessin. Utilise les deux adjectifs dans chaque phrase. ▶ Grammaire, p. 89/1

(ne pas) être actif(s)/active(s)
(ne pas) être sportif(s)/sportive(s)

1 

Il est ____________

____

2 

____

____

3 

____

____

4 

____

____

23 DELF

b Écoute ces commentaires et note pour chaque nom le numéro correspondant.

☐ Alex et Léo

☐ Éléna et Laure

☐ Nico

☐ Olga

5A On a volé mon sac à dos!

1 a Qu'est-ce que c'est? Note dans ton cahier les mots avec l'article indéfini. ▶ Liste des mots, p. 165–166

b Lis le texte, p. 82 et regarde la liste alphabétique, p. 174–190. Trouve des verbes et des compléments qui vont avec les noms de a. Note-les dans ton cahier.

admirer/regarder le feu d'artifice

2 a Au commissariat. Retrouve d'abord les mots puis complète.

1. Le vol a eu ieul __________ à 10 heures du tinma ______________.
2. La mectivi ______________ a déclaré à la licepo __________ qu'elle avait 1000 euros dans son sac.
3. Elle a fait deux descriptions différentes du leurvo __________.
4. La commissaire n'a pas voulu recroi __________ cette histoire.

b Trouve un mot de la même famille des mots de a marqués en vert. ▶ Liste alphabétique, p. 174–190

le vol → voler; ____

____

c Traduis les phrases de a dans ton cahier.

24

3 a Relie d'abord les adjectifs avec leurs noms correspondants. Puis écoute le dialogue au commissariat et vérifie tes solutions.

	nouvel	opinel
un	vieille	tableau
une	vieilles	radio
des	beau	montres
	nouveaux	livres

b Dans quelle boîte est-ce que tu trouves les objets de a? Coche.

c Maintenant décris dans ton cahier ce qu'il y avait dans les deux autres boîtes (▶ exercice 3 b).

25

83|4

4 Au voleur! Écoute les déclarations des touristes. À ton avis, qui est le voleur? Prends des notes et fais un portrait-robot.

cheveux ______________________________

accessoires ______________________________

vêtements ______________________________

RÉVISER

83|4

5 a GRAMMAIRE MIXTE: C'est arrivé à Amboise, il y a très longtemps. Complète d'abord par les adjectifs. Puis note les formes des verbes qui conviennent. Utilise l'imparfait ou le passé composé.

▶ Module 1 et Grammaire, p. 75/4 ▶ Les verbes, p. 138–141

chic petit/e bleue/e lourd/e grand/e vieux/vieille traditionnel/le long/ue

C' *était* ______ la nuit, une *longue* ______ nuit d'hiver. Il ______ froid et il	*être – faire*
n'y ______ personne dans les rues de notre ______ ville.	*avoir*
À minuit, un homme ______ du ______ château.	*sortir*
Il ______ la ______ place. Il ______ grand et	*traverser – être*
______ une veste ______ assez ______.	*porter*
Il ______ l'air en retard. Deux minutes plus tard, il ______	*avoir – arriver*
devant une maison ______. Elle ______ fermée .	*être*
L'homme ______ quelque chose. Alors, quelqu'un ______	*dire – ouvrir*
la ______ porte et l'homme ______ très vite.	*entrer*

b Imagine la fin de l'histoire. Écris dans ton cahier.

83|5

6 a Une inconnue t'a donné un sac et elle est partie. Au commissariat, on te pose des questions. Relie.

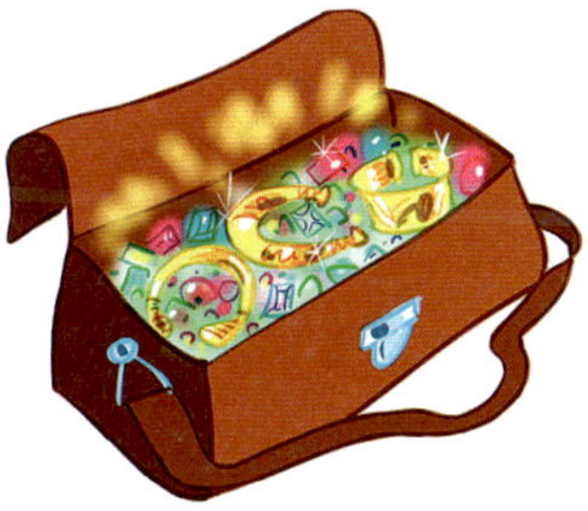

Comment	1	a	vous avez trouvé dans le sac?
Où	2	b	est-ce que vous habitez?
Qui est-ce qui	3	c	s'est passé?
À quelle heure	4	d	est-ce que vous vous appelez?
Pourquoi	5	e	est-ce que vous n'êtes pas venu/e tout de suite?
Qu'est-ce que	6	f	est-ce que vous êtes arrivé/e en ville?
Qu'est-ce qui	7	g	vous a donné ce sac?

b Réponds aux questions. Écris le dialogue dans ton cahier. ▶ Méthodes, p. 124/B

83|6

5 B Ce n'est pas tous les jours la vie de château!

85|4 **1** **La vie de touriste, ce n'est pas toujours facile. Retrouve les mini-dialogues.**

Notre hôtel est complet!	1	a	Sauf l'auberge de jeunesse et le camping!
La chambre est magnifique et on nous apporte le petit-déjeuner au lit!	2	b	On arrive tout de suite!
Dans cette ville, tout est cher!	3	c	C'est vraiment la vie de château!
Zut, je n'entends plus rien!	4	d	Mais non! On continue!
Ce sont les dernières chambres, il faut vous dépêcher!	5	e	Zut! Est-ce que vous connaissez un autre hôtel?
J'en ai marre! Je veux rentrer!	6	f	C'est parce qu'il n'y a pas de réseau ici.

2 **On a soif! Retrouve les formes du verbe *boire* et complète les fiches.** ▶ Les verbes, p. 139

boire				passé composé
je ______	nous ______			j' ______
tu ______	vous ______			**imparfait**
il/elle/on ______	ils/elles ______			je ______

3 **Des amis se retrouvent à la cafétéria de l'auberge de jeunesse. Complète par les formes du verbe *boire*.**
85|5 ▶ Grammaire, p. 89/2

Shutterstock.com/Nuchylee

1. – Karim, qu'est-ce que tu ______________?
   – Je ne sais pas encore.
2. – Jérôme et Charlotte, qu'est-ce que vous ______________?
   – On ne sait pas. Peut-être du jus d'orange?
3. – Zelda et moi, nous ______________ toujours de l'eau. Et Momo, qu'est-ce qu'il ______________?
4. – Mes copines ______________ de l'orangina et moi, je ______________ un coca.

84|2 **4** **a** **Luis prépare un voyage. Il veut aller au bord de la Loire. Il appelle l'office de tourisme[1] (1.), une auberge de jeunesse (2.) et une location de canoë (3.). À ton avis, qu'est-ce qu'il veut savoir? Note pour chaque dialogue trois mots ou expressions.** ▶ Méthodes, p. 124/C

1 l'office de tourisme *m.* die Touristeninformation

1. *visiter,* ______________
2. *sac de couchage,* ______________
3. ______________

26

b Écoute maintenant les dialogues et complète les fiches.

1. spectacles en juillet?	où?	quand?	prix
______	______	______	______
______	______	______	______
2. ville/village	prix/personne/nuit	places en juillet	Combien de lits?
______	______	______	______
3. endroit	prix/heure	prix/journée	
______	______	______	

85|6

5 a **Karim veut faire une réservation à l'auberge de jeunesse. Coche les bonnes phrases.** ▶ Méthodes, p. 124/C

1. Du fragst, ob es noch Platz für drei Personen gibt.
   - ☐ Qu'est-ce qu'il faut encore pour trois personnes?
   - ☐ Est-ce que vous voulez de la place pour trois nuits?
   - ☐ Est-ce que vous avez encore de la place pour trois personnes?
2. Du fragst, wie viel das Zimmer kostet.
   - ☐ Il y a combien de lits?
   - ☐ C'est pour combien de personnes?
   - ☐ Combien coûte la chambre?
3. Du fragst, ob das Frühstück im Preis inbegriffen ist.
   - ☐ Est-ce qu'on peut prendre le petit-déjeuner?
   - ☐ C'est avec ou sans le petit-déjeuner?
   - ☐ Où est-ce qu'on peut préparer le petit-déjeuner?
4. Du fragst, bis wie viel Uhr ihr kommen könnt.
   - ☐ Jusqu'à quelle heure est-ce qu'on peut arriver?
   - ☐ Jusqu'à quelle heure est-ce que vous servez?
   - ☐ À quelle heure est-ce que vous ouvrez?

DELF

b **Lis le prospectus de l'auberge de jeunesse et réponds dans ton cahier aux questions 2, 3 et 4 de Karim.**

c **Relis le prospectus et note encore deux questions comme en a. Ton/Ta partenaire doit y répondre.**

AUBERGE DE JEUNESSE

L'auberge, située dans un village tranquille, est le point de départ rêvé pour découvrir trois des plus beaux châteaux de la Loire: Chambord, Blois et Cheverny. Elle est installée dans une ancienne école communale, au charme incontestable.

À partir de 21,30 € Langues

Tarifs

- Nuitée en chambre partagée (4 à 6 lits)
- Draps et couvertures fournis
- Linge de toilette non fourni
- Petit déjeuner inclus

Ouverture

Du 01/03 au 31/10
Horaires réception:
8 h – 12 h / 17 h – 21 h

Services

- Équipements et services
- Jardin (1)
- Lave-linge collectif (3)
- Piscine (1)
- Animaux acceptés

Activités

CULTURE ET LOISIRS: Sites UNESCO, musées, monuments et châteaux
SPORTS: VTT / VTC, randonnée, natation, équitation, canoë, baignade

5 C J'ai retrouvé mon opinel!

86|2 **1** **Une amie de Loïc raconte ce qui s'est passé sur la plage. Remets les phrases dans l'ordre.** ▶ Texte, p. 86

☐ À la fin, ils ont compris que c'était le couteau du grand-père de Pauline!

☐ Quand elle a vu le couteau de Loïc, elle est devenue bizarre!

☐ Loïc et Pauline – c'est le nom de la fille – ont parlé pendant un moment.

☐ Loïc coupait son fromage avec son nouveau couteau.

☐ Je crois que Loïc lui a bien plu.

☐ On faisait un pique-nique sur la plage.

☐ Tout à coup, une fille est arrivée.

☐ Après, Pauline a passé l'après-midi avec nous.

☐ C'est un vieil opinel qu'il a acheté au marché aux puces à un grand type assez costaud.

2 a **Qu'est-ce qu'on ne peut pas emprunter? Trouve l'intrus.**

1. Qu'est-ce qu'on ne peut pas emprunter?
   un vélo   un livre   un couteau   un pique-nique   un sac de couchage
2. Qu'est-ce qu'on ne peut pas réussir?
   sa vie   un ami   un examen   un voyage   un gâteau au chocolat
3. Qu'est-ce qu'on ne peut pas couper?
   un chocolat chaud   un fromage   un pain   une tomate
4. Qu'est-ce qu'on ne peut pas prendre dans sa main?
   un couteau   un stylo   une blague   un ballon   un porte-monnaie

b **Écris deux questions et deux chaînes comme en a dans ton cahier. Échangez vos exercices en classe.**
▶ Liste alphabétique, p. 174–190

RÉVISER

87|4 **3** a **Léo a écrit un e-mail à son ami Sébastien. Quand est-ce qu'il doit utiliser le passé composé? Et l'imparfait?** | Lies und markiere den Text in den verschiedenen Farben je nach Kategorie der linken Spalte. ▶ Grammaire, p. 75/4

Shutterstock.com/prosign

Kette von Ereignissen + du kommentierst ein Ereignis

Cher Sébastien,

Comment vas-tu? Cela fait longtemps que je ne t'ai pas écrit. Alors, voilà des nouvelles:

Il y a deux mois, ma tante m' ? (*inviter*) chez elle. Donc, pour les vacances, j' ? (*prendre*) le train et quatre heures plus tard, je ? (*arriver*) à Blois. Ma tante ? (*organiser*) un programme génial pour moi: tous les jours, nous ? (*visiter*) un château. Je ? (*rester*) chez ma tante deux semaines. C' ? (*être*) formidable.

Neu einsetzende Handlung + du erzählst von früher + du beschreibst die Umstände

Un jour, on **?** (*aller*) à Chenonceau. Autrefois, c' **?** (*être*) le château de Diane de Poitiers. Aujourd'hui, c'est un musée magnifique. Il **?** (*faire*) beau mais pas trop chaud. Il n'y **?** (*avoir*) pas beaucoup de touristes et le jardin n' **?** (*être*) pas encore fermé.

du schilderst eine Aktion + du beschreibst eine Person + Aktion + du kommentierst ein Ereignis

Alors j'y **?** (*descendre*) et là, il **?** (*se passer*) quelque chose de formidable: je/j' **?** (*faire*) la connaissance de Nora. Elle **?** (*avoir*) un look sympa: elle **?** (*porter*) un jean blanc, un tee-shirt bleu et des lunettes de soleil. Elle **?** (*photographier*) tous les coins du jardin. On **?** (*rigoler*) tout l'après-midi. C' **?** (*être*) super!

Neu einsetzende Handlung + du beschreibst die Umstände

Tout à coup, mon portable **?** (*sonner*). C' **?** (*être*) ma tante qui me **?** (*chercher*) depuis des heures! Elle **?** (*être*) assez furieuse!

Kette von Ereignissen + du kommentierst ein Ereignis

Alors Nora me/m' **?** (*donner*) son numéro de portable et je **?** (*partir*). Je/J' **?** (*être*) super triste! Mais qui sait? On va peut-être bientôt se revoir parce qu'elle habite aussi à Blois!

Bon, et toi? Tes vacances? Raconte! À plus! Léo

RÉVISER

87|4

b **Passé composé ou imparfait? Relis ▶ Grammaire, p. 75/4, puis complète le mail d'Éléna par les formes des verbes entre parenthèses. Note aussi le sujet.** ▶ Les verbes, p. 147–149

l. 5: ma tante m'a invité; l. 6:

RÉVISER

87|5

4

Léo a revu Nora. Qu'est-ce qu'ils ont fait? Qu'est-ce qui s'est passé? Raconte l'histoire dans ton cahier (60–80 mots). Utilise l'imparfait et le passé composé comme en 3. ▶ Grammaire, p. 75/4

5 D Rendez-vous au café Ubu?

DELF 88|1

1 Tu es en France chez ton/ta corres. C'est ton anniversaire. Tu invites tes nouveaux copains. Ils répondent. Qui répond quoi? Coche.

	Il/Elle va venir	Il/Elle ne va pas venir	Il/Elle va peut-être venir
1. *Cool! J'espère qu'on va bien s'amuser! Alan*			
2. Je vais probablement passer! Soraya			
3. Je suis désolée! Adèle			
4. Super idée! J'accepte avec plaisir! Louis			
5. *C'est vraiment dommage! Vendredi, je pars à Marseille. Émilie*			
6. Je ne peux pas rester longtemps mais je viens, c'est sûr! Julie			
7. *C'est gentil mais en ce moment je suis trop crevé! Hugo*			
8. Merci pour ton invitation! Normalement, il n'y a pas de problème. Nathan			
9. Malheureusement, mon père ne veut pas! Stéphanie			
10. *Génial! Karim et Youssef viennent aussi? Victor*			

FR/DE

2 Ton corres français est chez toi. Il raconte son rendez-vous avec Maja, une fille de ton école qui lui plaît bien. Ta petite sœur veut tout comprendre. Écris les phrases en allemand.

2. Après, elle m'a regardé dans les yeux.
3. Alors, je lui ai pris la main.
4. Du coup, elle a paniqué et est partie.
5. Malheureusement, elle a oublié son portable.
6. Alors, elle va probablement m'appeler.
7. Je n'ai vraiment plus envie de lui parler.

RÉVISER

3 GRAMMAIRE MIXTE: À Nantes. Complète par les formes des verbes au présent et au passé composé.

▶ Les verbes, p. 139–141

avoir   découvrir   dire   être   prendre   venir

A:

Nous ________________ de visiter Nantes! On a ________________ beaucoup de beaux coins, même Jérôme! Au début, il ________________ toujours que ça ne l'intéresse pas mais après, il ________________ quand même! Sur la Loire, il y ________________ des bateaux qui ________________ de tous les pays du monde! Pour aller au château, on a ________________ le petit train. Maintenant, on ________________ dans un café et je ________________ de choisir ma boisson.

Bon, à samedi! Joris

4 Ton copain Adam t'invite au cinéma, demain soir. Tu as le temps? Réponds-lui.

▶ Méthodes, p. 130/F

88|3

A:

Shutterstock.com/mimagephotography

____

____

____

____

____

5 Dommage, je ne peux pas venir! Choisis une invitation (1 ou 2) et écris ta réponse dans ton cahier. Dis aussi pourquoi tu ne peux pas venir et fais une autre proposition.

▶ Méthodes, p. 130/F

88|3

1 INVITATION

Chère Lucie,
je t'invite à la fête que j'organise pour mon anniversaire samedi prochain. C'est à 20 heures, sur un bateau, sur la Seine! On va danser! Je compte sur toi!
Esther

2 Yvan

Slt Yvan, on va faire du parkour place Royale.
Tu viens? dani
18:34

5 Fais le point

Hier überprüfst du, ob du den Stoff der *Unité 5* beherrschst. Die Lösungen findest du auf S. 96.

Vocabulaire

1 **Qu'est-ce que tu vois sur l'image? Note les mots de l'unité 5. N'oublie pas l'article défini.**

____

____

____

____

____

Imparfait et passé composé

RÉVISER

2 **Une aventure au bord de la Loire. Complète avec le verbe qui convient. Utilise le passé composé ou l'imparfait.**

aller avoir être (3 x) faire (2 x) réussir sortir tomber passer venir

Hier, nous _______________ une balade à vélo près de Saint-Mathurin. L'ambiance _______________ super. Il _______________ très beau, on _______________ contents et on _______________ assez vite.

Tout à coup, il y a eu un carrefour. Moi, je _______________ sous le pont mais mon copain n'a rien vu et il _______________ dans la Loire! L'horreur!

Il _______________ de l'eau mais sans son vélo. Heureusement, il y _______________ des gens sur un bateau. Ils _______________ nous aider! Ensemble on _______________ à sauver le vélo. Mais après, nous _______________ crevés!

Le verbe *boire*

3 **Complète par les formes du verbe *boire*.**

Qu'est-ce qu'on dit?

4 **Il se passe toujours beaucoup de choses pendant les vacances. Qu'est-ce tu dis en français? Écris les phrases dans ton cahier.**

1. Im Polizeirevier sagst du, dass du eine Anzeige aufgeben möchtest.
2. Der Polizist fragt dich, ob du den Dieb beschreiben kannst.
3. Im Hotel fragst du, ob das Hotel ausgebucht ist.
4. Du sagst, dass es dir leid tut, aber dass es zu teuer ist.
5. Deine Freundin sagt, dass sie wahrscheinlich nicht zu deiner Geburtstagsparty kommen kann.
6. Du sagst, dass ihr euch in der Woche danach treffen könntet.

Die Lösungen findest du auf der Seite 96.

Tu es en forme pour l'unité 6? facultatif

1 a **Pose des questions. Écris-les dans ton cahier.**

Exemple: À qui est-ce que tu racontes ta journée?

À qui À quoi De qui De quoi Avec qui	est-ce que tu	racontes ta journée? pars en vacances? fais des photos? penses à 7 heures du matin? écris beaucoup de messages? vas au cinéma / à la piscine / ___? téléphones le week-end / le soir? parles souvent avec tes copains/copines?

écrire qc **à** qn penser **à** qn/qc raconter qc **à** qn téléphoner **à** qn parler **à** qn	**à qui / à quoi**
parler **de** qn/qc	**de qui / de quoi**

b **Pose les questions de a à ton/ta partenaire. Il/Elle répond.**

2 a **Qu'est-ce que Louis doit faire aujourd'hui? Écris sept phrases dans ton cahier. Utilise l'impératif.**

Mange.	Iss!
Mangeons.	Lasst uns essen!
Mangez.	Esst! / Essen Sie!

1. manger avec nous ce soir
2. ranger sa chambre
3. boire assez au collège
4. préparer le dîner
5. ne pas oublier son portable
6. acheter deux litres de lait
7. ___

b **La mère parle à Louis et à sa sœur Marie. Qu'est-ce qu'elle dit à ses deux enfants? Utilise les phrases de a. Écris dans ton cahier.**

3 **Natalie et sa corres française Manon parlent de leurs familles. Complète par les pronoms *le*, *la*, *les* ou *y*.**
▶ Grammaire, p. 21/3

Natalie: Moi, j'habite à Hambourg avec mes parents et mon frère. Mais mes grands-parents habitent en Angleterre[1]. Ma tante et mes cousins ________ habitent aussi. Je ne ________ vois pas souvent. C'est triste parce que je ________ aime beaucoup. Mais heureusement, mon cousin Alex passe une année à Kiel. Ce n'est pas loin et je vais ________ voir la semaine prochaine: il va venir quelques jours chez nous.

Manon: Chez nous, toute la famille habite ici, à Paris. Mais mon père part souvent à Bordeaux parce qu'il ________ travaille. Ma mère travaille beaucoup et je ________ vois seulement le soir.

1 **l'Angleterre** *f.* England

27

4

Theo a passé deux semaines chez son correspondant Marc en Bretagne. Il raconte ce qu'il a mangé et bu au petit-déjeuner et à midi. Écoute et complète le tableau.

	à manger	à boire
au petit-déjeuner		
à midi – entrée		
à midi – plat principal[1]		
à midi – dessert		

5

Lis les devinettes. Complète par *qui*, *que/qu'*, *où*. Puis devine. ▶ Grammaire, p. 34/1

1. C'est un endroit ______________ on peut acheter des vieilles choses. → C'est ______________.
2. C'est une chose ______________ on trouve sur les campings.
   → C'est ______________.
3. C'est un animal ______________ sait parler.
   → C'est ______________.
4. C'est un plat ______________ beaucoup d'enfants aiment bien.
   → C'est / Ce sont ______________.
5. C'est une personne ______________ travaille au CDI.
   → C'est ______________.
6. C'est un magasin ______________ on peut acheter des croissants.
   → C'est ______________.

6

Fais le quiz! Écris les solutions dans ton cahier. ▶ Liste alphabetique, p. 174

1. C'est un peu comme la télé mais en plus grand.
2. C'est la même chose qu'une route. Mais ça porte un autre nom en ville.
3. C'est plus grand qu'une ville mais moins grand qu'un pays.
4. C'est un peu comme un piano, mais on le porte quand on joue.
5. C'est comme un hôtel, mais c'est moins cher.
6. C'est comme «Erdkunde» et «Geschichte» en Allemagne, mais en France, c'est seulement une matière.
7. C'est moins long qu'une heure mais plus long qu'une seconde.

Unité 6 Visages de la Belgique

Approches

RÉVISER

1 **Tout le monde a des projets différents. Complète par *y* + *aller*. Puis dis pourquoi.**

on y va | j'y vais | je n'y vais pas | nous y allons

1. Tu vas au concert de David Guetta?

   Oui, *j'y vais* ______ parce que *ses chansons me plaisent* ______.

2. Tu vas au zoo avec tes parents?

   Non, ______ parce que ______.

3. Vous partez à Bruxelles, cet été?

   Oui, ______ parce que ______.

4. On va au feu d'artifice ce soir?

   Oui, ______ parce qu' ______.

2 **Tu connais déjà beaucoup de mots et d'expressions pour parler de ta région. Écris pour chaque catégorie au moins cinq mots avec l'article défini.** ▶ Liste alphabetique, p. 174–190

1 la nature — *la campagne,* ______

2 la ville ______

3 les animaux ______

4 les monuments ______

______

5 la géographie ______

______

RÉVISER

3 **Bruno veut aller au ciné. Qui vient avec lui? Complète par les formes de *venir*.** ▶ Verbes, p. 141

1. Bruno: Philippe, tu ______ au ciné, ce soir?
2. Philippe: Non, je ______. J'ai trop de devoirs.
3. Bruno: Et vous les filles, vous ______ avec nous?
4. Lio et Léa: Nous ______, bien sûr! Et nos potes ______ aussi!

92|1 **4** Relis le texte, p. 92–93, et souligne les erreurs dans ces textes. Puis corrige-les. Écris les mots corrigés dans ton cahier.

1 Lore vient de Liège, en Belgique. C'est un pays où on parle plusieurs langues et où on fait la meilleure glace du monde.

3 Halima habite dans la capitale de la Belgique où des gens de différentes cultures vivent ensemble: Bruxelles. Avec ses parents, elle parle néerlandais et français.

2 Charles vit à Dinant, une grande ville en Belgique. Il aime bien faire du VTT dans les forêts. En Ardenne belge, en hiver, il fait souvent moins de 40 degrés.

4 Alassane habite tout près du centre-ville de Bruxelles. Il adore sa ville qu'il connaît très bien. Ses grands-parents et ses parents viennent de trois différents pays.

28 DELF 92|1 **5** Les jeunes racontent leurs projets de voyage sur Radio Ado. Écoute et complète la grille par les endroits et les prépositions. Attention: il manque une information. ▶ Grammaire, p. 102/1

Qui?	Il/Elle vient	Il/Elle habite/est	Il/Elle va
Stéphane	*d'Allemagne*		

92|1 **6** Ces jeunes font connaissance pendant un stage de spéléo. Ils se présentent. Écris leurs textes dans ton cahier.

Fatima / 17 ans
venir / Perpignan / sud de la France
parler / français et allemand
aller en été / grands-parents / habiter / Tunisie

Laurent / 15 ans
venir / Belgique
habiter / Bruxelles / capitale
parler / français et néerlandais
passer vacances / Sénégal

Amélie / 14 ans
2 sœurs
venir / Liège / ville / Belgique
parler / français et anglais
adorer / le chocolat

6 A Vive la Belgique!

94|1 **1** a **Amandine présente la Belgique. Trouve pour chaque photo la légende qui convient.** ▶ Texte, p. 94

le Perron — la Belgique — les moules-frites — le musée Hergé — la fête de Sainte-Marie — la Batte

1 

____

2 

____

3 

____

4 

____

5 

____

6 

____

b **Retrouve pour chaque photo une phrase dans le texte, p. 94. Note-les dans ton cahier.**

94|1 **2** a **Amandine a découvert la Belgique. Retrouve les douze mots dans la grille. Note les noms avec l'article défini dans ton cahier.** ▶ Texte, p. 94

E	V	R	Q	U	M	O	U	L	E	S	A
C	I	C	M	U	I	R	S	I	L	X	S
B	L	A	G	U	E	S	P	È	Y	T	T
I	B	T	H	A	J	P	E	G	F	U	U
O	L	H	E	P	O	I	R	E	V	C	C
S	O	É	X	V	N	I	A	U	B	I	E
Y	S	D	T	F	K	E	B	L	E	I	U
M	A	R	I	O	N	N	E	T	T	E	S
B	C	A	O	N	E	I	L	H	E	E	I
O	E	L	I	T	U	S	G	P	G	E	R
L	R	E	C	A	W	O	I	Q	É	L	O
E	O	J	O	I	E	Z	Q	U	A	I	P
A	L	R	G	N	O	F	U	M	N	T	A
C	B	I	S	E	E	Z	E	I	T	L	E

b **Trouve le mot de a qui correspond à chaque définition.**

1. C'est une spécialité qu'on mange avec des frites. ______________________
2. Ce sont des histoires nulles sur les Belges. ______________________
3. C'est un fruit qu'on utilise pour préparer le sirop de Liège. ______________________
4. On les sort dans la rue pour la fête de Sainte-Marie. ______________________
5. En wallon, on dit «betch». ______________________
6. C'est la ville où habite Amandine. ______________________

7. C'est une grande église. ______________________________

8. Pour Paris, c'est la tour Eiffel. Et pour Liège, c'est le Perron. ______________________________

9. On la trouve au milieu de la grande place en face de la mairie de Liège. ______________________________

10. C'est un pays voisin de la France qu'Amandine aime beaucoup. ______________________________

11. C'est une spécialité qui ressemble à la confiture. ______________________________

12. Le Tchantchès est **?** ______________________________.

95|2
95|3

3 **Tu dois présenter un pays ou une ville en classe. Qu'est-ce que tu dis? Relie les phrases qui vont ensemble.**
▶ Les mots pour le dire, p. 211/10 et p. 212/12

Du gibst eine Übersetzung für ein Wort.	1	a	Il s'agit d'une fontaine qui se trouve sur une petite place.
Du sagst, worum es sich bei einer Sehenswürdigkeit handelt und wo sie sich befindet.	2	b	Mon endroit préféré, c'est le marché.
Du nennst deinen Lieblingsort.	3	c	Le mot français pour «betch», c'est bise.
Du erklärst, wie eine Sehenswürdigkeit aussieht.	4	d	Le symbole de ma ville, c'est une église.
Du erläuterst eine Spezialität.	5	e	La bouillabaisse, c'est une soupe qu'on fait avec du poisson.
Du nennst das Wahrzeichen deiner Stadt.	6	f	La mosquée ressemble à un château.

FR DE
95|4

4 **Les parents de ton correspondant veulent passer une semaine à Dresde. Tu leur expliques ce que dit le prospectus. Tu peux utiliser les expressions de 3.** ▶ Les mots pour le dire, p. 211/10

Willkommen in Dresden: Der Kulturstadt an der Elbe!

Oft sagt man, dass Dresden einer italienischen Stadt ähnelt, weil sich in der Innenstadt viele schöne Plätze, enge Straßen und alte Brunnen befinden. So wie in Florenz! Neben dieser alten Architektur findet man in Dresden weltberühmte Museen und großartige Denkmäler aus zahlreichen Epochen. Die berühmteste Kirche der Stadt ist die Frauenkirche. Das Wahrzeichen der Stadt ist der Dresdener Zwinger.

Dresden liegt an der Elbe, im Süd-Osten Deutschlands, in einer wunderschönen Region, die wegen ihrer Berge die „Sächsische Schweiz" heißt. Dort können sportliche Touristen lange Wanderungen durch die wunderschöne Natur machen. Man kann auch alte Schlösser besichtigen oder köstliche Weine kosten.

Eine Spezialität Dresdens ist der Dresdener Christstollen. Hier sagt man „Striezel". Es ist ein Kuchen, den man mit viel Butter, Rosinen und Gewürzen[1] zubereitet. Man isst ihn zu Weihnachten und er ist köstlich!

1 **Rosinen und Gewürze** des raisins secs et des épices

A:

Bonjour! Je peux vous donner des informations sur Dresde. Cette ville ressemble à une ville italienne parce qu'on y trouve beaucoup de jolies places ...

6 B Qu'est-ce qu'on offre à Camille?

96|2 **1** a Voici des expressions utiles pour faire le planning du week-end avec des copains. Retrouve les phrases et note-les avec les signes de ponctuation (si nécessaire).

1. veut faire | personne ne | un pique-nique? | ça veut dire que

____

2. qu'on | je pense | faire du VTT | voulait

____

3. malheureusement | d'idée | je | pas | n'ai

____

4. la cuisine | on | faire | ensemble | pourrait

____

5. soir? | vous | samedi | le temps | avez

____

b Traduis les phrases dans ton cahier.

97|3 **2** Océane n'est pas contente de son week-end. Complète par *personne ne* ... ou *rien ne* ... ▶ Grammaire, p. 102/2

Océane

1. ______________ se passe comme je veux.

2. Quel horreur! ______________ peut venir à ma fête?!

3. Presque ______________ a répondu à mon invitation.

4. ______________ marche!

5. ______________ pense à moi.

6. ______________ change dans ma vie.

Shutterstock.com/SpeedKingz

97|3

3 GRAMMAIRE MIXTE: Soufiane a passé un week-end bizarre. Sa copine Azra lui pose des questions. Complète par les réponses de Soufiane et utilise *personne ne ...*, *rien ne ...*, *ne ... personne* ou *ne ... rien*.

▶ Grammaire, p. 102/2

> **Personne n'**a regardé le film.
> Je **n'**ai appelé **personne**.
> **Rien ne** s'est passé.
> Je **n'**ai **rien** acheté.

1. – Est-ce que tu as appelé quelqu'un?

   – Non, *je n'ai appelé personne* ________________.

2. – Est-ce que quelqu'un t'a parlé?

   – Non, ____.

3. – Est-ce que tu as écouté de la musique?

   – Non, ____.

4. – Est-ce que tu as vu ton chat? – Non, ____.

5. – Est-ce que tes parents ont préparé le dîner?

   – Non, ____.

6. – Est-ce que ça te fait peur? – Non, ____.

97|5

4 Vous faites le planning du week-end. Tu aimerais aller au cinéma. Ton copain / Ta copine n'est pas d'accord: il/elle préfère faire une fête. Discutez pendant 3 à 4 minutes. A commence. Puis échangez les rôles.

▶ Les mots pour le dire, p. 214/20

Shutterstock.com/StoryTime Studio

Partenaire A	Partenaire B
– Du fragst ob **B** am Samstagabend Zeit hat.	– Du sagst ja und, dass du eine gute Idee hast.
– Du schlägst vor, dass ihr ins Kino gehen könntet, um den neuen Film mit Elyas M'Barek zu sehen.	– Du antwortest, dass der Film vielleicht nicht schlecht ist. Du machst einen Gegenvorschlag und sagst, du lieber eine Party organisieren willst.
– Du antwortest, dass ihr etwas zu zweit machen wolltet.	– Du sagst, dass das stimmt.
– Du ergänzt, dass der Film wirklich gut ist und dass Clara ihn schon gesehen hat.	– Du schlägst vor, dass ihr den Film am Sonntagnachmittag schauen könnt.
– Du sagst, dass du am Sonntag keine Zeit hast, weil du deine Hausaufgaben machen musst.	– Du sagst, dass es schade ist, dass **A** keine Party machen möchte und fragst warum.
– Du antwortest, dass du am Samstag lieber ins Kino gehen möchtest, weil du müde bist.	– Du sagst, dass du das verstehst und machst den Vorschlag, am nächsten Wochenende eine Party zu organisieren.
– Du sagst, dass du einverstanden bist.	– Du fragst, ob ihr euch am Samstag um 19 Uhr vor dem Kino treffen wollt.
– Du antwortest mit ja und dass du die Getränke im Kino kaufen wirst.	– Du sagst, dass das nett ist.

6 C En échange à Liège

98|1 **1** **À table. Qu'est-ce que tu dis? Coche la bonne phrase, puis apprends les bonnes phrases par cœur.**

1. Du bietest deinem Austauschschüler / deiner Austauschschülerin etwas von deinem Kuchen an.
   ☐ Tu peux me passer le gâteau? ☐ Tu en veux? ☐ J'en prends une.
2. Du sagst, dass etwas gut riecht.
   ☐ Ça sent bon! ☐ C'est délicieux! ☐ J'ai soif!
3. Du sagst, dass du gerne noch ein bisschen nimmst.
   ☐ Merci, je n'ai plus faim. ☐ Merci, j'en reprends encore un peu. ☐ Je peux aussi en avoir une?
4. Du sagst, dass etwas köstlich schmeckt.
   ☐ J'ai soif! ☐ C'est délicieux! ☐ Il n'y en a plus!
5. Du fragst, ob jemand dir die Wasserkaraffe reichen kann.
   ☐ Je peux en avoir beaucoup, s'il te plaît? ☐ Est-ce que je peux sortir de table? ☐ Tu peux me passer la caraffe d'eau, s'il te plaît?
6. Du wirst gebeten nachzuschauen, ob noch Baguette in der Küche steht. Du sagst, dass es keines mehr gibt.
   ☐ Il n'y en a plus. ☐ On va en racheter demain. ☐ J'en prends une.
7. Du sagst, dass du keinen Hunger mehr hast.
   ☐ J'ai encore un peu faim. ☐ Je meurs de faim. ☐ Je n'ai plus faim.

99|2 **2** a **Raphaël et Lukas veulent faire un gâteau au citron. Souligne les mots qui se répètent.**

A: Tu connais le gâteau au citron?
B: Oui, je fais souvent du gâteau au citron. Voilà la recette!
A: Bon, on a du sucre?
B: Oui, on a 100 g de sucre.
A: Il faut combien d'œufs?
B: Il faut deux œufs.
A: On a assez de farine?
B: Oui, on a 1 kg de farine.
A: On a encore du beurre?
B: Attends, je regarde. Non, on n'a pas de beurre. Il faut acheter du beurre.
A: Il faut aussi acheter des citrons, on n'a plus de citron.

Le gâteau au citron
100 g de sucre
200 g de farine
2 œufs
250 g de beurre
le zeste d'un citron

b **Réécris le dialogue dans ton cahier. Utilise le pronom *en*.** ▶ Grammaire, p. 103/3

3 **Ton/Ta corres te pose des questions. Réponds. Utilise le pronom *en*.** ▶ Grammaire, p. 103/3

1. – Est-ce que tu as des frères et sœurs?
   – ______________________________
2. – Est-ce que tu écris souvent des messages?
   – ______________________________

3. – Est-ce que tu connais des chanteurs français?

– ____

____

4. – Est-ce que tu as déjà vu des films français?

– ____

5. – Est-ce que tu écoutes de la musique française?

– ____

4 GRAMMAIRE MIXTE: **Jérémy fait la connaissance de Béatrix. Complète leur dialogue. Utilise *y* ou *en*.**

▶ Grammaire, p. 21/4, 103/3

– Tu es née à Liège?

– Non, je n' ______ suis pas née. J' ______ habite depuis un an et demi. Nous venons de Montpellier.

– Tu ______ retournes souvent?

– Oui, j' ______ suis allée trois fois: à Pâques, aux grandes vacances, en été, et à Noël. On ______ a retrouvé tous nos cousins. Mon frère et moi, nous ______ revenons toujours très heureux.

– Et qu'est-ce que vous avez fait pendant les vacances de la Pentecôte?

– On a visité Bruxelles! Ma mère adore l'Atomium: on ______ est monté vers 11 heures pour ______ sortir à 15 heures seulement. Et quand j' ______ suis descendue, je me suis sentie bizarre.

5 **Choisis une des deux photos et décris-la dans ton cahier.**

À gauche, / À droite, Au centre, Au premier plan[1], / À l'arrière-plan[2],	il y a ___. / on voit ___.

1 **au premier plan** im Vordergrund
2 **à l'arrière-plan** im Hintergrund

1

2

6 D Dépêche-toi! La Belgique t'attend!

100|1 **1** **Tu connais bien la Belgique? Fais le quiz.** ▶ Textes, p. 92–93, 100

Le quiz de la Belgique

1. Quelle est la capitale de la Belgique? ________________
2. Quelles langues parle-t-on en Belgique? ________________
3. Nomme une spécialité belge. ________________
4. Combien d'animaux peut-on voir au zoo *Pairi Daiza*? ________________
5. Que peut-on admirer sur les murs peints de Bruxelles? ________________
6. Quels sportifs participent-ils au tour de Belgique? ________________

100|1b **2** **Tu fais un stage à une auberge de jeunesse à Bruxelles. Tu expliques aux touristes tout ce qu'on peut y faire.**

1. Du bist der Meinung, dass es sich lohnt, die bemalten Wände anzuschauen. *(ça vaut la peine)*

____

2. Du sagst, dass die Aussicht vom Atomium toll ist. *(la vue)*

____

3. Du findest, dass die Stadt im Sommer schöner ist als im Winter. *(en été qu'en hiver)*

____

4. Für Einkäufe empfiehlst du die „rue Neuve". Das ist die größte Einkaufsstraße in Brüssel. *(la rue la plus grande)*

____

101|4 **3** **Tu veux faire un stage au zoo *Pairi Daiza*. Qu'est-ce qu'on te dit? Retrouve le nom qui convient et souligne-le.**
▶ Grammaire, p. 103/4

1. Tu veux faire un stage / des photos / des expériences chez nous? Choisis-le dans ce programme.
2. D'abord, il me faut tes baskets / ton nom / ta carte d'identité. Donne-la-moi, s'il te plaît.
3. Ton père / Tes parents / Tes profs n'est pas d'accord. Explique-lui ton projet.
4. Tu as des tartines / une casquette / un portable? Prends-en pour le pique-nique.
5. Tes copains / Ta corres / Ton frère ont envie de faire un stage? Dis-leur de venir!
6. Tu adores les frites / les paysages / le sport? Photographie-les pendant ta promenade!

101|4

4 Qu'est-ce qu'il ne faut pas faire sur le pont de corde? Le guide t'explique. Complète d'abord par le pronom correct, puis note ce que le guide dit. Utilise l'impératif négatif. ▶ Repères, p. 119/4

1. *traverser* le pont trop vite — Ne/N' [le] ______________________________.
2. *perdre* ta casquette — Ne/N' [ ] ______________________________.
3. *rater* les paysages — Ne/N' [ ] ______________________________.
4. *aller* tout seul dans la forêt — Ne/N' [ ] ______________________________.
5. *avoir* peur des hauteurs (avoir peur **de** qc) — Ne/N' [ ] ______________________________.

l'impératif négatif avec des pronoms objets: *ne* + pronom + verbe + *pas*

101|2

5 a Regarde l'associogramme sur Munich et complète par les thèmes qui manquent.

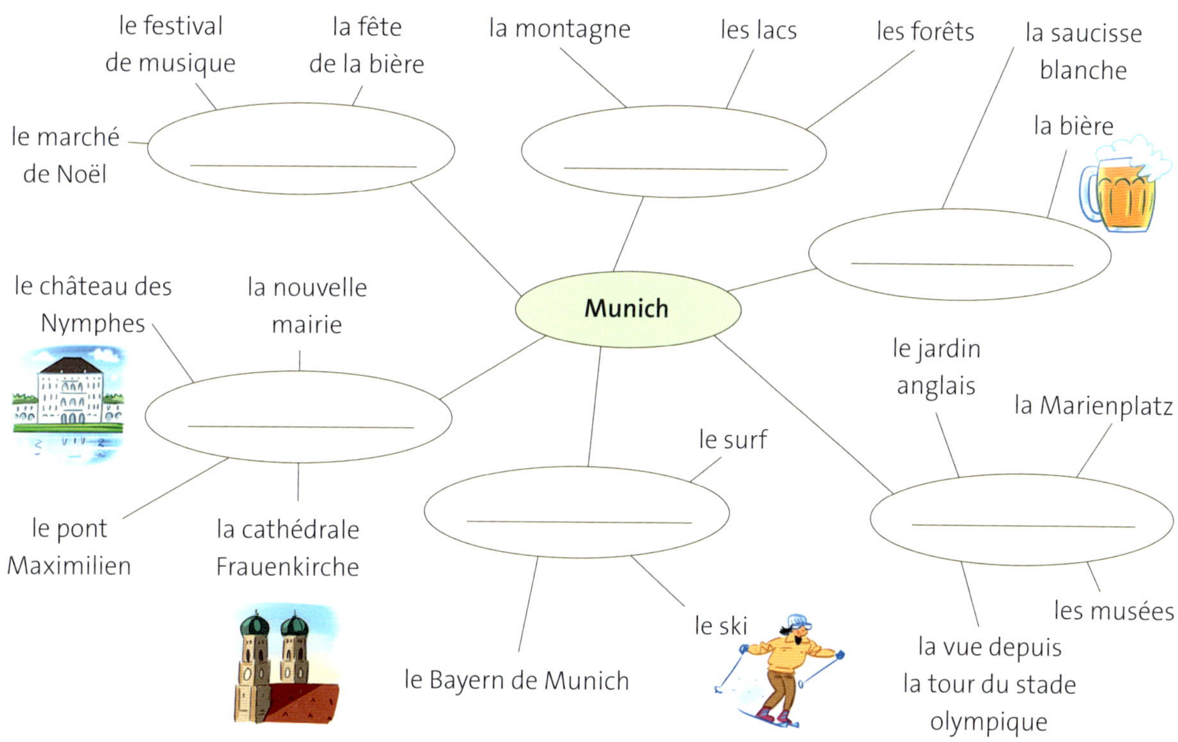

b Fais un associogramme sur ta région / ta ville dans ton cahier.

101|5

c Présente ta région / ta ville. Trouve aussi un slogan à l'aide des mots de b et c. Écris dans ton cahier (60–80 mots). ▶ Les mots pour le dire, p. 211/10

écouter visiter adorer préférer goûter monter faire chaud/froid construire photographier profiter de (ne pas) rater traverser se trouver au (sud) de (*ville*) découvrir voir ___	la région le bateau le beau temps le paysage le monument préféré la rue la plus célèbre le village le fleuve la spécialité ___

6 Fais le point

Hier überprüfst du, ob du den Stoff der *Unité 6* beherrschst. Die Lösungen findest du auf S. 96.

Vocabulaire

1 **Qu'est-ce que c'est? Trouve les mots. N'oublie pas son article.**

1. Quand un plat est très bon, il est _ _ _ _ _ _ _ _ _
2. On y boit de l'eau. _ _   _ _ _ _ _ _ _ _
3. C'est une maison très haute. _ _   _ _ _ _ _ _-_ _ _ _
4. C'est un quartier au cœur d'une ville. _ _   _ _ _ _ _ _-_ _ _ _ _
5. On l'achète pour voir un film au cinéma. _ _   _ _ _ _ _ _ _ _ _
6. Il écrit des livres. _'_ _ _ _ _ _

Les prépositions devant les noms de pays et l'article défini

2 GRAMMAIRE MIXTE: **Ils viennent d'où? Ils vont où? Fais des phrases avec les verbes *venir* et *aller*.**

1. Je ______________________________.

2. Elle ______________________________.

3. Ils ______________________________.

4. Nous ______________________________.

5. Tu ______________________________.

Le pronom *en*

3 **Miam, il y a des frites! Fais les phrases. Utilise le pronom *en*. Écris dans ton cahier.**

1 je / *avoir* envie

2 je / *vouloir* aussi

3 *prendre*!

4 tu / *faire* encore

5 je / *avoir* marre

Die Lösungen findest du auf der Seite 96.

Module 5 Vacances en Belgique

107|3

1 **Au 22e siècle, tout sera différent. Complète les phrases par des formes au futur simple.** ▶ p. 107/2

1. On ______________________ dans plusieurs pays à la fois[1] et on ______________________ dix à douze langues! (*travailler / parler*)
2. Il n'y ______________________ plus de portables et on ______________________ avec des «nanophones». (*avoir / téléphoner*)
3. Les gens ne ______________________ plus pour faire leurs courses et ils ______________________ en vacances dans des voitures volantes[2]. (*sortir / partir*)
4. Nous ______________________ peut-être sur d'autres planètes et nous ______________________ l'avenir[3] sur des tablettes[4]. (*habiter / lire*)

1 **à la fois** gleichzeitig 2 **la voiture volante** das fliegende Auto 3 **l'avenir** *m.* die Zukunft 4 **la tablette** das Tablet (Computer)

107|3

2 a **Le dernier jour au collège, Léonard prend des bonnes résolutions[1] pour l'année prochaine. Complète ce qu'il dit par des formes des verbes suivants au futur simple.** ▶ p. 107/2 1 **prendre des bonnes résolutions** gute Vorsätze fassen

attendre aller avoir écouter être faire finir lire prendre

Shutterstock.com/Monkey Business Images

1. Je ______________________ mes devoirs tous les jours.
2. J'______________________ les profs.
3. Je n'______________________ plus de 0 en maths.
4. Je ______________________ plus sympa avec les autres.
5. Je ______________________ plus de livres.
6. Je ______________________ mes devoirs avant le dîner!
7. J'______________________ ma sœur après les cours.
8. Je ______________________ le bus avec elle.
9. J'______________________ au CDI une fois par semaine.

107|3

b **Dédé et Jojo sortent de prison[1]. Quelles sont leurs bonnes résolutions pour l'avenir[2]? Imagine. Écris au moins six phrases comme en a dans ton cahier. Utilise le futur simple.**

1 **la prison** das Gefängnis 2 **l'avenir** *m.* die Zukunft

3 Les Leclerq parlent de ce qu'ils veulent faire demain. Qu'est-ce qu'ils disent? Complète les phrases.

▶ p. 107/4

107|5

1. S'il ________ beau demain, nous ________ à la plage. (*faire / aller*)
2. S'il y ____ des belles vagues, vous ________ faire du surf. (*avoir / pouvoir*)
3. Et s'il pleut, nous ________ au camping et les enfants ________ aux cartes. (*rester / jouer*)
4. Si vous ________, on ________ l'après-midi en ville. (*vouloir / passer*)
5. Si on ____ le temps, on ________ des souvenirs. (*avoir / acheter*)

4 Des jeunes sont en colonie de vacances. Qu'est-ce qu'ils disent? Écris les phrases conditionelles dans ton cahier.

107|5

▶ p. 107/4

Exemple: 1. S'il fait beau, nous irons à la plage.

5 Trouve pour chaque début de phrase une fin possible.

▶ p. 107/4

107|5

1. Si ça continue comme ça, *je pars/partirai sans toi* ________.
2. Si tu veux, ________.
3. Si ________ n'est pas là dans cinq minutes, ________.
4. On ira au cinéma si/s' ________.
5. Si j'ai assez d'argent, ________.

Annexe: Lösungen Fais le point!

Ist dein Ergebnis ○, ◎ oder ●? Löse die empfohlene Förder- oder Zusatzübung in der Beilage.

○ Du hast die meisten Lösungen leider nicht gefunden. Das kannst du besser! Übe weiter.

◎ Du hast mindestens die Hälfte richtig.

● Du hast höchstens einen Fehler. Versuche, diese Übung zu knacken.

Unité 1, p. 16–17

1 1. 1889 2. 2011 3. 1804 4. 1504

○ ▶ Beilage, S. 2/**1**A ◎ ▶ Beilage, S. 2/**1**B ● ▶ Beilage, S. 2/**1**C

2 Salut Isa, Je **me sens** bien dans le quartier mais pas dans mon collège. Il est loin de la maison alors je **me lève** tôt. Ensuite je **m'habille**, je **me douche** et je **me maquille**. Je **me dépêche** pour prendre le métro. Au collège, on a beaucoup de travail et on ne **s'entraîne** pas assez. Mais il y a Léo! Nous **nous rencontrons** le mardi au club de tennis. Le soir, je **me couche** souvent après 22 heures à cause des devoirs!  Bises, Véra
P.-S.: Tu **t'entraînes** toujours avec Viki au basket?

○ ▶ Beilage, S. 2/**2**A ◎ ▶ Beilage, S. 3/**2**B ● ▶ Beilage, S. 3/**2**C

3
1. la plus écologique; la plus moderne; la plus chic
2. la plus célèbre; la plus intéressante
3. le plus romantique; le moins stressé
4. meilleure; le moins traditionnel

○ ▶ Beilage, S. 3/**3**A ◎ ▶ Beilage, S. 4/**3**B ● ▶ Beilage, S. 4/**3**C

4
1. Il demande si vous connaissez déjà Berlin.
2. Il dit que Berlin est la capitale de l'Allemagne.
3. Il dit que pour lui, Berlin est la ville la plus intéressante d'Allemagne.
4. Il dit que nous voyons ici la tour de télévision, le monument le plus célèbre de la ville.
5. Il demande si nous voulons la visiter maintenant ou plus tard.
6. Il demande si nous préférons aller faire du shopping dans le centre commercial.

○ ▶ Beilage, S. 4/**4**A ◎ ▶ Beilage, S. 5/**4**B ● ▶ Beilage, S. 6/**4**C

5
a. Ils y servent des escargots.
b. Non, il vaut mieux y aller à pied.
c. Non, on y est allés hier.
d. On peut y acheter des fringues pas chères.
e. Il y retrouve ses copains du foot.
f. Il faut y être à dix heures.

1 → b 2 → d 3 → f 4 → e 5 → a 6 → c

○ ▶ Beilage, S. 6/**5**A ◎ ▶ Beilage, S. 6/**5**B ● ▶ Beilage, S. 6/**5**C

6
1. La tour Eiffel est le monument le plus célèbre de Paris.
2. Je me sens bien à Paris.
3. Je n'aime pas me lever tôt.
4. Je vais à l'école en métro.
5. Il vaut mieux changer à la prochaine station.
6. Au restaurant, je prends toujours une glace comme dessert.

○ ▶ Beilage, S. 7/**6**A ◎ ▶ Beilage, S. 7/**6**B ● ▶ Beilage, S. 7/**6**C

Unité 2, p. 30–31

1

1. l'amitié
2. la confiance
3. le respect
4. partager
5. le défaut
6. la qualité
7. heureux
8. rigoler

○ ▶ Beilage, S. 8/**1**A ◉ ▶ Beilage, S. 8/**1**B ● ▶ Beilage, S. 9/**1**C

2

1. Qui est-ce qui t'appelle?
2. Qu'est-ce que tu lis?
3. Qui est-ce que tu préfères?
4. Qui est-ce qui déménage?
5. Qu'est-ce que vous faites?
6. Qu'est-ce qui peut t'aider?

○ ▶ Beilage, S. 9/**2**A ◉ ▶ Beilage, S. 10/**2**B ● ▶ Beilage, S. 10/**2**C

3

1. où 2. qui 3. que 4. qui 5. où 6. que

○ ▶ Beilage, S. 10/**3**A ◉ ▶ Beilage, S. 10/**3**B ● ▶ Beilage, S. 11/**3**C

4

1. vieil; triste; jeune/jolie; joyeuse
2. grand; courageux; petit; romantique
3. jolie/jeune; amoureuse; beau; intello

○ ▶ Beilage, S. 11/**4**A ◉ ▶ Beilage, S. 12/**4**B ● ▶ Beilage, S. 12/**4**C

5

1. Mon meilleur ami s'appelle Bob.
2. On s'entraide et je lui raconte tout.
3. Bob est joyeux et il a toujours envie de faire quelque chose avec moi.
4. Nous sommes pareils. Nous nous intéressons aux dessins animés.
5. La nouvelle copine de Bob ne me plaît pas. Elle est nulle.

○ ▶ Beilage, S. 12/**5**A ◉ ▶ Beilage, S. 13/**5**B ● ▶ Beilage, S. 13/**5**C

Unité 3, p. 44–45

1

1. les cours
2. le brevet
3. le lycée
4. l'école primaire
5. la cafétéria / la cantine
6. le sponsor
7. la réunion
8. les correspondants/correspondantes

○ ▶ Beilage, S. 14/**1**A ◉ ▶ Beilage, S. 14/**1**B ● ▶ Beilage, S. 14/**1**C

2

1. elle finit
2. nous agissons
3. vous avez choisi
4. tu réfléchis
5. je crois
6. ils ont agi

○ ▶ Beilage, S. 15/**2**A ◉ ▶ Beilage, S. 15/**2**B ● ▶ Beilage, S. 15/**2**C

3
1. plus lourd que
2. moins écologique que
3. moins stressés que
4. aussi intéressant que
5. aussi sévères
6. meilleurs que

○ ▸ Beilage, S. 16/**3**A ◉ ▸ Beilage, S. 16/**3**B ● ▸ Beilage, S. 16/**3**C

4 a
1. quand
2. autrefois
3. souvent
4. fin août
5. chaque été
6. tous les jours

○ ▸ Beilage, S. 17/**4**A ◉ ▸ Beilage, S. 17/**4**B ● ▸ Beilage, S. 17/**4**C

b
1. Autrefois; travaillaient; avaient
2. Chaque été; emmenaient; restions
3. À l'époque; habitaient
4. tous les jours; allions
5. Souvent; retrouvait; nous amusions
6. Quand; arrivaient; était
7. Fin août; finissaient; partait

○ ▸ Beilage, S. 17/**4**A ◉ ▸ Beilage, S. 17/**4**B ● ▸ Beilage, S. 17/**4**C

5
1 → b 2 → e 3 → f 4 → c 5 → d 6 → a

○ ▸ Beilage, S. 18/**5**A ◉ ▸ Beilage, S. 18/**5**B ● ▸ Beilage, S. 18/**5**C

Unité 4, p. 62–63

1
1. J'aime bien les animaux. C'est pourquoi je veux faire un stage dans un zoo.
2. L'avantage de mon job d'été c'est que je peux travailler dehors.
3. Par contre, je dois souvent me lever tôt.

○ ▸ Beilage, S. 19/**1**A ◉ ▸ Beilage, S. 19/**1**B ● ▸ Beilage, S. 19/**1**C

2
Ce week-end, je ne **me suis** pas **ennuyée** avec ma copine Charlotte. Dimanche, nous **nous sommes levées** à 9 heures. D'abord, je **me suis occupée** de ses chats. Ensuite, nous **nous sommes habillées** pour retrouver Rémi à la piscine. Charlotte **s'est entraînée** pour un concours de natation. Rémi et moi, on **s'est** bien **amusés**! Après la piscine, nous **nous sommes dépêchés** pour sortir. Rémi **s'est habillé** assez vite, mais nous les filles, nous **nous sommes maquillées** pendant une heure!

○ ▸ Beilage, S. 20/**2**A ◉ ▸ Beilage, S. 20/**2**B ● ▸ Beilage, S. 20/**2**C

3
1. sait 2. peuvent 3. peuvent 4. sait 5. sait

○ ▸ Beilage, S. 21/**3**A ◉ ▸ Beilage, S. 21/**3**B ● ▸ Beilage, S. 22/**3**C

4
1. No habitait déjà dans la rue quand Lou a rencontré la jeune fille.
2. Le grand reporter Tintin et son chien Milou cherchaient depuis longtemps le bateau «la Licorne» quand ils ont fait la connaissance du Capitaine Haddock.
3. Philippe n'avait plus confiance en la vie quand Driss a commencé à travailler pour lui.

○ ▸ Beilage, S. 22/**4**A ◉ ▸ Beilage, S. 22/**4**B ● ▸ Beilage, S. 23/**4**C

5
1 → d 2 → a 3 → f 4 → g 5 → e 6 → c 7 → b

○ ▸ Beilage, S. 23/**5**A ◉ ▸ Beilage, S. 24/**5**B ● ▸ Beilage, S. 24/**5**C

Unité 5, p. 76–77

1 le couteau / l'opinel; le fleuve / la Loire; voler / le voleur; l'ambiance; le type; la pluie; la centrale nucléaire; le château (d'Amboise); le feu d'artifice; le pique-nique; le sac de couchage (trempé); le porte-monnaie; boire (un chocolat chaud)

○ ▸ Beilage, S. 25/**1**A ● ▸ Beilage, S. 25/**1**B ● ▸ Beilage, S. 25/**1**C

2

1. avons fait	5. allait	9. avait
2. était	6. suis passé/e	10. sont venus
3. faisait	7. est tombé	11. a réussi
4. était	8. est sorti	12. étions

○ ▸ Beilage, S. 26/**2**A ● ▸ Beilage, S. 26/**2**B ● ▸ Beilage, S. 27/**2**C

3 1. boire 2. buvez 3. boivent 4. boit/bois 5. ai bu 6. bois 7. buvons 8. bois

○ ▸ Beilage, S. 28/**3**A ● ▸ Beilage, S. 28/**3**B ● ▸ Beilage, S. 29/**3**C

4

1. Bonjour, Monsieur/Madame. Je voudrais faire une déclaration (de vol).
2. Est-ce que vous pouvez décrire le voleur?
3. Est-ce que l'hôtel est complet?
4. Je suis désolé(e), mais c'est trop cher.
5. Je ne peux probablement pas venir à ta fête d'anniversaire.
6. Mais on pourrait peut-être se retrouver la semaine prochaine.

○ ▸ Beilage, S. 29/**4**A ● ▸ Beilage, S. 30/**4**B ● ▸ Beilage, S. 30/**4**C

Unité 6, p. 90

1

1. délicieux	4. le centre-ville
2. la fontaine	5. le billet
3. le gratte-ciel	6. l'auteur

○ ▸ Beilage, S. 31/**1**A ● ▸ Beilage, S. 31/**1**B ● ▸ Beilage, S. 31/**1**C

2

1. Je viens des États-Unis et je vais en Belgique.
2. Elle vient d'Allemagne et elle va au Sénégal.
3. Ils viennent du Québec et vont en France.
4. Nous venons de Tunisie et nous allons aux États-Unis.
5. Tu viens de Belgique et tu vas au Canada.

○ ▸ Beilage, S. 31/**2**A ● ▸ Beilage, S. 32/**2**B ● ▸ Beilage, S. 32/**2**C

3

1. J'en ai envie.	4. Tu en fais encore?
2. J'en veux aussi.	5. J'en ai marre.
3. Prends/Prenez-en!	

▸ Beilage, S. 32/**3**A ● ▸ Beilage, S. 33/**3**B ● ▸ Beilage, S. 33/**3**C

Realschule Bayern

À toi! 3

Carnet d'activités

Förder- und Zusatzübungen

1. In deinem *Carnet* findest du nach jeder *Unité* die Seiten *Fais le point!* Dort kannst du überprüfen, was du in der *Unité* gelernt hast.
2. Am Ende des *Carnets* findest du auf den Seiten 93 bis 96 die Lösungen zu *Fais le point!* Dort errechnest du, wie viele Punkte du erreicht hast.
3. Hier findest du weitere Übungen. Du sollst nicht alle lösen! Wähle jeweils die Übung aus, die zu deinem Punktestand passt.

Die Lösungen der Förderübungen findest du online, siehe Code auf Seite 1.

Cornelsen

○ 1A Comment est-ce qu'on écrit les années? Relie.
▶ Les nombres, p. 137

93|1

deux-mille	1		a	1789
deux-mille-vingt-et-un	2		b	1850
mille-neuf-cent-quarante-cinq	3		c	1945
mille-huit-cent-cinquante	4		d	1997
mille-sept-cent-quatre-vingt-neuf	5		e	2000
mille-neuf-cent-quatre-vingt-dix-sept	6		f	2021

● 1B C'est quelle année? Écris les années en chiffres.
▶ Les nombres, p. 137

93|1

1. deux-mille-vingt-trois ______________________
2. dix-huit-cent-quatre-vingt-neuf ______________________
3. dix-neuf-cent-soixante-dix-sept ______________________
4. deux-mille-neuf ______________________
5. dix-neuf-cent-quatre-vingt-neuf ______________________
6. dix-neuf-cent-soixante-treize ______________________

● 1C Vous jouez au bingo. Écris les nombres en toutes lettres.
▶ Les nombres, p. 146

93|1

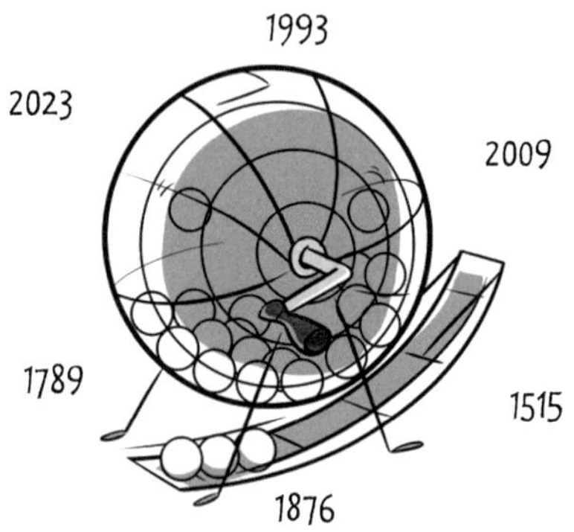

____
____
____
____
____
____

○ 2A Qu'est-ce qu'ils font? Qu'est-ce qu'ils disent? Coche la bonne solution.
▶ Grammaire, p. 20/2

93|2

1

Il ...
- [ ] se douche.
- [ ] se lève.
- [ ] se couche.

2

Elle ...
- [ ] s'entraîne.
- [ ] se déshabille.
- [ ] se dépêche.

3

Elles ...
- [ ] s'entraînent.
- [ ] se douchent.
- [ ] se maquillent.

4

Nous ...
- [ ] nous levons.
- [ ] nous entraînons.
- [ ] nous retrouvons.

5

Vous...
- [ ] vous levez.
- [ ] nous couchez.
- [ ] vous dépêchez, s'il vous plaît!!

6

Maman, je ...
- [ ] me coiffe.
- [ ] me sens mal.
- [ ] me couche!

○ 2B Qu'est-ce qu'ils disent? Complète. ▶ Grammaire, p. 20/2

93|2

se sentir   se coucher   se retrouver   se dépêcher   se maquiller

1. Je ______________________ bien ici. C'est mon quartier préféré.
2. Tu ______________________ ! J'attends depuis une heure.
3. Regarde comment elle ______________________. Elle est jolie, non?
4. Ils ne ______________________ jamais avant 22 heures!
5. Ma copine et moi, nous ______________________ tous les jeudis après les cours.

● 2C Le programme d'Anne. | Anne erzählt, dass ...

93|2

1. sie sich am Samstag mit Freundinnen zum Einkaufen trifft.
2. sie am Dienstag erst spät ins Bett geht, weil sie viele Hausaufgaben hat.
3. sie am Sonntag um elf Uhr aufsteht.
4. sie sich nie beeilt, weil sie immer früh aufsteht.

____

____

____

____

○ 3A Conversations dans la rue. Complète. ▶ Grammaire, p. 20/1

93|3

bon → + + meilleur/meilleure   cher → + + le plus cher   direct → + + le plus direct
sympa → + + la plus sympa   chic → + + les plus chic

1. Regarde, combien ça coûte! On est vraiment dans le quartier ______________________ de Paris!
2. Le chemin ______________________ pour aller à Montmartre, c'est la ligne 4.
3. Ma prof de sport est la prof ______________________ du collège.
4. Dans ce petit magasin, il y a les fringues ______________________ de Paris.
5. J'ai de bonnes notes en français, je suis ______________________ élève de la classe.

○ **3B** 93|3

Est-ce que tu connais la France? Pose les questions et utilise le superlatif. Est-ce que tu trouves la bonne réponse? ▶ Grammaire, p. 20/1

1. Comment s'appelle la montagne (+ *haut*) ______________________ de France?

   G ☐ le Mont-Blanc R ☐ le Canigou T ☐ le Pic Saint-Loup

2. Tu connais (+ *grand*) ______________________ ville du Languedoc?

   H ☐ Lyon E ☐ Montpellier I ☐ Sète

3. Où est-ce qu'on trouve (+ *bon*) ______________________ glaces de Paris?

   O ☐ sur les Champs-Élysées N ☐ chez Berthillon K ☐ au marché de Barbès

4. Comment s'appelle (+ *grand*) ______________________ musée de Paris?

   X ☐ le Centre Pompidou B ☐ le Musée Picasso I ☐ le Louvre

5. Le tableau (+ *célèbre*) ______________________ en France, c'est ...

   P ☐ les Mains de Dürer A ☐ la Joconde de Léonard de Vinci M ☐ l'enfant au pigeon de Picasso

6. La place (+ *intéressant*) ______________________ de Paris, c'est ...

   L ☐ la place de la Concorde D ☐ la place rouge A ☐ la place de la Comédie

Paris, c'est __ __ __ __ __ __!

● **3C** 93|3

Tu aimes ta ville. Fais de la pub pour ta ville. | Sage, ...

1. wo es das beste Eis in deiner Stadt / deiner Gegend gibt.
2. wo der größte Supermarkt in deiner Stadt ist.
3. wo das günstigste Schwimmbad bei dir ist.
4. Nenne einen weiteren Grund, weshalb es sich lohnt, deine Stadt / deine Gegend zu besuchen.

1. ______________________
2. ______________________
3. ______________________
4. ______________________

○ **4A** 93|4

À Paris, il y a beaucoup de touristes! Retrouve les phrases. ▶ Grammaire, p. 21/3

1. Il dit que/qu' / plus de huit millions de visiteurs / au Louvre / il y a

   ____

   ____

stock.adobe.com/davis

2. Il dit que/qu' / le premier samedi / c'est gratuit / du mois

   ____

3. Il dit que/qu' / sont gratuites / les promenades en bateau-mouche / pour les enfants

____

____

4. Il demande si / nous / Paris / plaît

____

5. Il demande si / sommes / ou Anglais / nous / Allemands

____

6. Il dit que/qu' / attendre / sur la tour Eiffel / il faut souvent / pour monter

____

7. Il demande si / de Paris / notre première visite / c'est

____

8. Il dit que/qu' / et qu'on voit / a 210 mètres de haut / la tour Montparnasse / aussi très loin

____

____

4B **Un guide touristique explique la ville de Paris à des touristes de Montpellier. Il y a beaucoup de voitures et les touristes ont du mal[1] à entendre la guide. Répète ce qu'elle dit. Utilise *demande si* (3 x), *dit que* (3 x), *connaissons, elle, voyons, nous, préférons.*** ▶ Grammaire, p. 21/3

93|4

1 **avoir du mal à** + *inf.* Schwierigkeiten haben

1. Est-ce que vous connaissez déjà Paris?
2. Paris est la capitale de la France.
3. Pour moi, Paris est la ville la plus intéressante de France.
4. Vous voyez la tour Montparnasse.
5. Est-ce que vous voulez y monter maintenant?
6. Préférez-vous faire du shopping au centre commercial?

1. Elle ______________ ______ nous ______________________ déjà Paris.
2. Elle ______________ ______ Paris est la capitale de la France.
3. Elle ______________ ______ pour ______________, Paris est la ville la plus intéressante de France.
4. Elle ______________ ______ nous ______________________ la tour Montparnasse.
5. Elle ______________ ______ ______________ voulons y monter maintenant.
6. Elle ______________ ______ nous ______________ faire du shopping au centre commercial.

● 4C Au collège. Traduis.

▶ 93|4

1. Der Französischlehrer will wissen, ob alle Schüler die Hausaufgaben gemacht haben.

   ____

2. Er sagt, dass er sehr zufrieden ist, mit der Klasse nach Paris zu fahren.

   ____

3. Er fragt, ob jemand noch eine Frage stellen will.

   ____

4. Die Schüler sagen, dass diese Fragen nicht sehr schwer sind.

   ____

○ 5A Remplace les mots soulignés par *y*. ▶ Grammaire, p. 21/4

▶ 93|5

1. On va à Paris ce week-end. *On y va ce week-end.*
2. On découvre la Joconde au Louvre. ______________________
3. Après, on mange une glace chez Berthillon. ______________________
4. Tu aimerais faire une promenade en bateau-mouche sur la Seine? ______________________
5. On descend aussi dans les Catacombes. ______________________
6. Elle fait du shopping sur les Champs-Élysées. ______________________
7. On achète des fringues au marché de Barbès. ______________________
8. On se perd dans le métro. ______________________

◐ 5B De quel endroit est-ce qu'ils parlent? Relie. ▶ Grammaire, p. 21/4

▶ 93|5

On adore la mer alors on y va souvent.	1	a	au collège
Frédéric s'y entraîne de 5 à 7 heures.	2	b	à Paris
Ils n'ont pas aimé les plats, alors ils n'y vont plus.	3	c	dans ce restaurant
Je n'y suis pas allé aujourd'hui. Tu peux me donner les devoirs?	4	d	à la plage
J'y vais souvent parce que mon père y habite.	5	e	au stade
J'y ai visité la tour Eiffel.	6	f	en France

● 5C Marie pose des questions à son/sa corres. Écris ses réponses. Utilise *y*. ▶ Grammaire, p. 21/4

▶ 93|5

1. – Tu vas souvent à Montpellier?

   – Non, (*ich gehe dort nie hin*) ______________________________________.

2. – Tu vas à l'école en vélo?

   – Non, (*es ist besser, dorthin zu Fuß zu gehen*) ______________________________.

3. – Tu connais le nouveau restaurant dans ta rue?

– Oui, (*ich bin Samstag hingegangen*) ____.

4. – Tu aimes aller à la piscine?

– Oui, (*aber ich gehe nicht oft dorthin*) ____.

○ **6A** **Qu'est-ce qu'on dit? Relie.** ▶ Les mots pour le dire, p. 211/10 et p. 215/22

93|6

La Porte de Brandebourg est le monument le plus célèbre de Berlin.	**1**	**a**	Ich nehme den Bus, um zu meinem Vater zu fahren.
Je me sens bien en France.	**2**	**b**	Das Brandenburger Tor ist die berühmteste Sehenswürdigkeit von Berlin.
Ma petite sœur n'aime pas se lever tard.	**3**	**c**	Ich nehme immer einen Nachtisch.
Je prends le bus pour aller chez mon père.	**4**	**d**	Meine kleine Schwester steht nicht gern spät auf.
Il vaut mieux changer à Trocadéro.	**5**	**e**	Du steigst besser am Trocadéro um.
Je prends toujours un dessert.	**6**	**f**	Ich fühle mich in Frankreich wohl.

6B **Quelqu'un te pose ces questions. Réponds.** ▶ Les mots pour le dire, p. 215/22

93|6

au feu rouge traverser en face content/e de + *inf.* prendre le RER préférer + *inf.*

1. – Est-ce que la vie dans ton quartier te plaît?

– Oui, je suis ____.

2. – Tu aimes aller au restaurant?

– Non, je ____.

3. – Pardon, pour aller à la tour Eiffel, s'il vous plaît?

– Vous ____.

4. – S'il vous plaît, où se trouve le Pont des Arts?

– C'est simple, ____.

● **6C** **Quelqu'un explique le chemin à un touriste. Qu'est-ce qu'il dit? Complète.**

93|6

Shutterstock.com/fabulousparis

Pour ____________________ à l'Arc de Triomphe,

vous prenez la ____________________ 7, direction Villejuif.

Vous ____________________ à Opéra. Ensuite, vous prenez

le ____________________ A, ____________________

La Défense. Vous ____________________ à la station Charles de Gaulle

Étoile.

○ 1A Retrouve les mots dans la grille. Note les noms avec l'article défini.

▶ Liste alphabétique, p. 174–190

94|1

H	E	U	R	E	U	X	P	U
C	D	T	E	X	R	H	Q	H
O	É	R	S	A	M	O	U	R
N	M	I	P	A	R	R	A	R
F	I	F	E	M	A	E	L	I
I	K	U	C	O	R	U	I	G
A	M	I	T	I	É	T	T	O
N	D	É	F	A	U	T	É	L
C	Y	S	E	C	R	E	T	E
E	P	A	R	T	A	G	E	R

das Geheimnis ______________________

die Freundschaft ______________________

die Qualität ______________________

der Respekt ______________________

die Schwäche ______________________

glücklich ______________________

lachen ______________________

teilen ______________________

die Liebe ______________________

das Vertrauen ______________________

● 1B Agnès regarde des photos de sa meilleure amie. Complète les phrases.

▶ Liste des mots, p. 149–152

94|1

1. Ma meilleure amie adore ______________________ !

2. Son ______________________ ? Elle aime trop la mode!

3. Je lui dis tout. Elle ne raconte mes secrets à personne.

   J'ai ______________________ en elle!

4. On ______________________ tout, même nos sandwichs!

5. L'______________________, c'est génial!

● **1C** **Il y a des choses qu'on peut mieux expliquer avec des exemples. Complète la liste.**

94|1

1. Un exemple de respect: ______________________________

____

____

2. Un exemple pour le mot s'entraider: ______________________________

____

____

3. Une qualité que j'aime chez mes profs: ______________________________

____

____

○ **2A** **Aujourd'hui, tu n'entends pas bien. Pose des questions. Choisis ce qui convient.** ▶ Grammaire, p. 35/3

94|2

1. – Anatole m'appelle.

   – Pardon! Qui est-ce que / Qui est-ce qui / Qu'est-ce que / Qu'est-ce qui t'appelle?

2. – Maintenant, j'appelle **Marie**.

   – Pardon! Qui est-ce que / Qui est-ce qui / Qu'est-ce que / Qu'est-ce qui tu appelles maintenant?

3. – Ce soir, je vais regarder «**Le secret de la Licorne**».

   – Pardon! Qui est-ce que / Qui est-ce qui / Qu'est-ce que / Qu'est-ce qui tu vas regarder?

4. – **Ce film d'animation** est génial.

   – Pardon! Qui est-ce que / Qui est-ce qui / Qu'est-ce que / Qu'est-ce qui est génial?

5. – J'adore **le gâteau aux pommes**.

   – Pardon! Qui est-ce que / Qui est-ce qui / Qu'est-ce que / Qu'est-ce qui tu adores?

6. – **Mon meilleur copain** déménage demain.

   – Pardon! Qui est-ce que / Qui est-ce qui / Qu'est-ce que / Qu'est-ce qui déménage demain?

○ 2B

94|2

La bonne question, c'est ça qui compte! Complète par qui est-ce qui, *qui est-ce que, qu'est-ce qui, qu'est-ce que.* ▶ Grammaire, p. 35/3

1. – ______________________ tu cherches?

   – Je cherche mon

   ________________.

2. – ______________________ te plaît?

   – Ce ____________________

   me plaît.

3. – ______________________ te plaît comme

   ça?

   – Cet ____________________

   me plaît.

4. – Pardon monsieur, ______________________

   vous dessinez?

   – Je dessine ____________________.

5. – Pardon monsieur, ______________________

   vous dessinez?

   – Je dessine ____________________.

6. – ______________________ Laura aime?

   – Laura est amoureuse de

   ____________________.

● 2C

94|2

Tu vas faire une interview avec un acteur célèbre. Prépare tes questions.

faire ce film *jouer* avec toi *vouloir* faire après ce projet *aimer* faire le samedi soir
te *donner* des conseils *inviter* au festival de Cannes avec toi

Qui est-ce qui ____

____

____

____

____

____

○ 3A

94|3

Sujet ou objet? Complète les phrases avec le pronom relatif qui convient. ▶ Grammaire, p. 34/1

1. Der Junge, **der** Lisa malt, heißt Pierre. → Le garçon *qui* dessine Lisa s'appelle Pierre.
2. Arthur sucht die Katze, **die** unter dem Bett spielt. → Arthur cherche le chat ______ joue sous le lit.
3. Victor möchte einen Film sehen, **der** sehr witzig ist. → Victor veut voir un film ______ est très drôle.
4. Mélanie bereitet die Quiche vor, **die** ihre Freunde am liebsten mögen. → Mélanie fait la quiche ______ ses amis préfèrent.
5. Nathan zeigt das Handy, **das** er gefunden hat. → Nathan montre le portable ______ il a trouvé.
6. Vincent trägt einen Pullover, **den** ich sehr mag! → Vincent porte un pull ______ j'adore!

○ 3B Voici une bande de copains. Lis le texte et trouve leurs noms.

94|3

La fille qui a porte une jupe longue s'appelle Marie. Le garçon que Marie regarde est le copain de Laetitia. Derrière Laetitia, il y a le café où Sophie prend un jus d'orange. Le garçon qui regarde Marie s'appelle Pierre. Derrière Pierre, on voit la librairie où travaille Martin. La fille que Martin aime sort déjà avec Alban.

1. ______________ 2. ______________ 3. ______________

4. ______________ 5. ______________ 6. ______________

● 3C Mes préférences. Mets le pronom relatif qui convient puis complète la liste avec tes réponses.

94|3

1. C'est un endroit ______ je voudrais passer mes vacances: ______________________.
2. C'est un acteur ______ j'aime beaucoup: ______________________.
3. C'est un mot ______ je connais dans plusieurs langues: ______________________.
4. C'est une chanson ______ me plaît: ______________________.
5. C'est un pays ______ je suis déjà allé/e deux fois: ______________________.
6. C'est une équipe ______ gagne souvent: ______________________.
7. C'est ______________________________________.

○ 4A Trouve pour chaque adjectif sa traduction. Puis souligne les adjectifs qui se trouvent toujours devant le nom.

94|4

▶ Liste alphabétique, p. 174–190

1 vieux **2** jeune **3** courageux
4 intello **5** beau **6** amoureux **7** grand
8 petit **9** romantique **10** joyeux

a klein ______________

b alt ______________

c mutig ______________

d fröhlich ______________

e schön ______________

f jung ______________

g intellektuell ______________

h verliebt ______________

i groß ______________

j romantisch ______________

○ 4B

94|4

Qu'est-ce que tu vois sur l'image? Nomme au moins cinq choses avec un adjectif qui correspond.

▶ Liste alphabétique, p. 174–190

la tour le pont le garçon la fille la robe le cheval

vieux jeune courageux beau joli triste amoureux grand petit romantique

● 4C

94|4

Choisis un film que tu aimerais voir au cinéma, à la télé ou sur un site de streaming et trouve des arguments. Utilise des noms et des adjectifs.

américain blond bon célèbre vieux jeune gentil courageux beau joli intello triste triste amoureux grand petit romantique ___

scène histoire effets spéciaux thème acteur actrice animal héros héroïne

○ 5A

94|5

Trouve pour chaque phrase l'expression qui correspond. ▶ Les mots pour le dire, p. 209/5 et p. 208/3

Mein Freund und ich, wir lieben die gleiche Musik. **1**	**a** On s'entraide.
Wir lieben auch Abenteuerfilme. **2**	**b** On rigole beaucoup.
Wir helfen uns gegenseitig. **3**	**c** On se dit tout.
Wir erzählen uns alles. **4**	**d** On adore aussi les films d'aventure.
Mit ihm lache ich viel. **5**	**e** Mon ami et moi, on aime la même musique.

5B a **Une belle amitié. Relie les expressions qui vont ensemble. Attention, il y a plusieurs solutions.**

94|5

▶ Les mots pour le dire, p. 209/5

6

regarder	1	a	confiance en quelqu'un
rigoler	2	b	ensemble
partager	3	c	des films d'animation
avoir	4	d	des secrets
se dire	5	e	tout
être	6	f	là l'un pour l'autre

b **Note les expressions de a.**

____

____

____

____

____

____

5C **Maël est triste. Réponds-lui et donne-lui des conseils. Parle aussi de ton expérience.**

94|5

▶ Les mots pour le dire, p. 209/5

2

Mon meilleur copain a des nouveaux copains que je ne connais pas. Il passe beaucoup de temps avec eux et ne fait plus rien avec moi. Qu'est-ce que je peux faire? **Maël, Saint-Brieuc**

____

____

____

____

____

____

____

____

____

____

○ 1A Ta vie au collège. Complète le tableau. ▶ Liste alphabétique, p. 174–203

94|1

article défini	en français	en allemand
le	*lycée*	Gymnasium
le	brevet des collèges	*der mittlere Schulabschluss*
la	cantine	*die Kantine*
la	réunion	*das Treffen, die Sitzung*
le / la	la correspondante / le correspondant	*der/die Austauschschüler/in*
X	*passer un examen*	eine Prüfung bestehen machen
X	franco-allemand	*deutsch-französisch*
X	*finir qc*	etw. beenden
X	~~réflécsir~~ ? réfléchir ~~croire~~	*nachdenken*
la	*gymnastique*	Gymnastik
le	*pain*	Brot

● 1B Qu'est-ce qu'ils font? Complète les phrases par le bon mot. ▶ Liste des mots, p. 153–157

94|1

1. Christine va passer le brevet cette année parce qu' elle est en ______________________.
2. Farid a une lettre de France. C'est son ______________________ qui lui a écrit.
3. «Ensemble contre la violence!», c'est notre ______________ pour la semaine des médiateurs.
4. Après la troisième, Marie préfère faire un ______________________ parce que, plus tard, elle veut faire de la menuiserie.

● 1C Qu'est-ce que ça veut dire? Complète la liste à l'aide de mots que tu connais déjà. Puis trouve la traduction.

▶ Liste alphabétique, p. 174–203

94|1

1. correspondre → *le/la correspondant/e* → *sich Briefe schreiben*
2. être violent → ______________ → ______________
3. la maladie → ______________ → ______________
4. le risque → ______________ → ______________
5. la réflexion → ______________ → ______________
6. la liberté → ______________ → ______________
7. être possible → ______________ → ______________

○ 2A Complète avec les formes de *finir*, *choisir* et *croire*.

▶ Verbes, p. 138–141

95|2

	CHOISIR	CROIRE	FINIR
je	choissis	~~chr croites~~ ~~chro~~ crois	finis
tu	choissis	~~croites~~ crois	finis
il/elle/on	choissit	~~croit~~ croit	finit
nous	~~choissons~~ choisissons	croyons ~~croissons~~	finissons
vous	~~choissez~~ choisissez	croyez	finissez
ils/elles	~~choissent~~ choisissent	croient	finissent
passé composé	choisi	cru	fini
imparfait	~~choissais~~ choisissais	croyais	finissais

● 2B Complète ces phrases par le verbe au présent ou au passé composé.

▶ Verbes, p. 138–141

95|2

1. Paul __finit__ d'abord ses devoirs. Après, il retrouve ses copains au rollerparc. *(finir)*
2. Romain est sympa mais il ne __réfléchit__ jamais avant de répondre. *(réfléchir)*
3. Hier, la police __~~agit~~ a agi__ très vite. *(agir)*
4. Est-ce que nous __~~choissons~~ choisissons__ le programme de l'échange? *(choisir)*
5. La prof parle à ses élèves mais ils ne __réagissent__ pas. *(réagir)*
6. Au restaurant, mes parents __~~choissent~~ choisissent__ toujours une table dans un coin. *(choisir)*

● 2C Réponds au questionnaire.

95|2

1. Est-ce que tu réfléchis toujours avant d'acheter quelque chose?

____

____

2. Pourquoi est-ce que tu as choisi le français au collège?

____

____

3. Est-ce que tu crois qu'il faut agir contre tous les problèmes dans le monde?

____

____

○ 3A

95|3

Benoît habite à Paris. Cet été, il a visité Berlin. Maintenant, il compare ces deux villes. Choisis la bonne forme de l'adjectif. Pense à l'accord des adjectifs! ▶ Grammaire, p. 50/1

1. La capitale française est plus
   - [ ] grand
   - [x] grande ✓
   - [ ] grandes

   que Berlin.

2. Les gens à Berlin sont
   - [ ] moins stressé
   - [ ] moins stressée
   - [x] moins stressés ✓

   que les Parisiens.

3. La tour Eiffel est ✓
   - [x] plus haute
   - [ ] plus hautes
   - [ ] plus hauts

   que la tour de télévision.

4. Je trouve que la cuisine française est
   - [x] bon ✓
   - [x] meilleure ✗
   - [ ] meilleur.

5. Mes copains allemands sont ✓
   - [x] aussi joyeux
   - [ ] aussi joyeuse
   - [ ] aussi joyeuses

   que mes copains français.

● 3B

95|3

Tarek et Bea ont participé à un échange en France. Maintenant, ils comparent la France et l'Allemagne. Fais les phrases. ▶ Grammaire, p. 50/1

1 la France / + grand / Allemagne

2 le bus / – direct / le métro

3 manger à la cafétéria / + cher / manger à la cantine

4 l'emploi du temps au lycée / + lourd / au collège

5 France / pain / = bon / Allemagne

6 les profs / = sympa / surveillants

1. La France est plus grande ~~qu'Allemagne~~ que l'Allemagne
2. Le bus est moins direct que le métro
3. Manger à la cafétéria est plus cher que manger à la cantine
4. L'emploi du temps au lycée est plus lourd qu'au collège
5. Le pain en France est aussi bon qu'Allemagne
6. Les profs sont aussi sympas que surveillants

● 3C

95|3

Tu participes à un échange en France. Tu expliques aux parents de ton/ta corres les différences entre la France et l'Allemagne. Utilise le comparatif. | Nenne mindestens drei Unterschiede und Gemeinsamkeiten.

○ 4A La grand-mère de Laurence raconte. Entoure la bonne forme de l'imparfait. Puis note l'infinitif.

95|4

▶ Grammaire, p. 51/4

1. Autrefois, les enfants n'allait / allaient / allais pas à l'école en bus. aller
2. Nous avions / avaient / avait toujours peu de vacances. avoir
3. À l'époque, les enfants deviez / devaient / devait aider leurs parents après l'école. devoir
4. Fin août, j'étions / était / étais triste parce que c'étais / était / étaient la fin des vacances d'été. être
5. L'école commençais / commençaient / commençait en septembre. commencer

● 4B Nous sommes en 2072. Tu racontes à tes enfants ta vie en 2021. Complète par les verbes à l'imparfait.

95|4

▶ Grammaire, p. 51/4

aller regarder s'amuser lire jouer habiter être

1. – Pendant les vacances, j'__________ tous les jours chez mon meilleur copain. On __________ dans mon la même rue, c'__________ pratique. Nous __________ la télé et nous __________ à l'ordinateur. On s'__________ bien.
2. – Est-ce que vous __________ aussi un peu?
3. – Non, pas beaucoup. Les livres, c'__________ surtout pour l'école.

● 4C Dis, mamie, c'était comment quand tu étais jeune? La grand-mère de Mathilde raconte. Fais les phrases. Utilise l'imparfait.

95|4

▶ Grammaire, p. 51/4

Shutterstock.com/Bojan Milinkov

Sage, ...
1. dass du als Kind am Wochenende oft bei deinen Großeltern übernachtet[1] hast.
2. dass sie auf dem Land wohnte und viele Tiere hatte.
3. dass du dich gern um die Tiere gekümmert hast.
4. dass du immer viel Spaß hattest, weil deine Cousins auch dabei waren.

1. Quand j'étais enfant, __________

____

____

____

____

1 **bei jmd übernachten** passer la nuit chez qn

○ 5A Qu'est-ce qu'on dit en français? Relie.

▶ Les mots pour le dire, p. 210/7

95|5

Le brevet, c'est presque la même chose que le «Mittlerer Schulabschluss».	1	a	Unsere Schule macht jedes Jahr einen Austausch.
En Allemagne, nous passons le brevet à la fin de la classe 10.	2	b	Das „brevet" ist fast das gleiche wie der Mittlere Schulabschluss.
La classe 9 en Allemagne s'appelle la troisième en France.	3	c	In Frankreich sagt man „la troisième" für die neunte Klasse.
Je voudrais faire un échange avec un collège en France.	4	d	In Deutschland machen wir den Mittleren Schulabschluss in der 10. Klasse.
Notre collège organise un échange chaque année.	5	e	Ich würde gerne einen Austausch mit einer französischen Schule machen.

● 5B Till parle de sa vie au collège. Qu'est-ce qu'il dit?

▶ Les mots pour le dire, p. 210/7

95|5

1. Er sagt, dass in Frankreich die Schüler genauso nett sind wie in Deutschland. ☐
2. Er sagt, dass deutsche Schüler weniger Stunden haben als französische Schüler. ☐
3. Er denkt, dass Mathe in Frankreich das gleiche ist wie bei ihm. ☐
4. Er sagt, dass acht Stunden Schule zuviel sind. ☐
5. Er sagt, dass er gern ein CDI in seiner Schule hätte. ☐

a Huit heures de cours, c'est trop!

b Les maths, c'est la même chose en France que chez nous.

c J'aimerais avoir un CDI dans mon collège.

d En France, les élèves sont aussi sympa qu'en Allemagne.

e Les élèves allemands ont moins d'heures que les élèves français.

● 5C Tu es chez ta corres et lui poses beaucoup de questions. Elle te répond. Écris le dialogue.

95|5

- Frage Lucie, ob sie jeden Tag um 17 Uhr Schluss hat.
- Sie antwortet, dass das jeden Tag so ist, außer mittwochs. Sie sagt, dass sie an diesem Tag um 14 Uhr Schluss hat.
- Sage, dass acht Stunden Unterricht am Tag zu viel sind.
- Sie sagt, dass sie aber zwei große Pausen und eine Pause in der Kantine hat.
- Frage, wie sie ihre Lehrer findet und was sie nach der „troisième" machen will.
- Sie antwortet, dass ihre Lehrer genauso nett sind wie die Aufsichtspersonen und, dass sie nach dem „brevet" auf das berufliche Gymnasium gehen möchte.

Toi: ______________________________

____

Lucie: ______________________________

Toi: ______________________________

Lucie: ______________________________

____

Toi: ______________________________

Lucie: ______________________________

____

○ **1A** **Idriss a fait son rapport de stage mais l'ordinateur a un problème. Complète.** ▶ Liste des mots, p. 159–163

95|1

J'ai f______t m____n st____g____ dans une f____rm____ parce que j'adore ____tr____ d____h____rs.

L'____v____nt____g____, c'____st q______ je m____ s__________ ____cc____p____ des animaux. C'était très intéressant et les gens étaient tous très gentils avec moi. P____r c____ntr____, il faut s____ l____v____r tôt et il y a beaucoup de tr____v______l.

● **1B** **Antoine et Jeanne parlent de leurs jobs d'été. Qu'est-ce qu'ils disent? Fais les phrases. Utilise les expressions.**
▶ Les mots pour le dire, p. 211

95|1

mon job au restaurant   j'adore les chiens
je voudrais m'occuper d'animaux
on peut se lever tard   on travaille souvent jusqu'à 22 heures

alors   pendant les vacances
l'avantage, c'est que/qu'
par contre

1. Antoine sagt, dass er Hunde liebt und dass er sich deswegen in den Ferien um Tiere kümmern möchte.

____

____

2. Jeanne sagt, dass sie gern in einem Restaurant arbeiten würde. Der Vorteil ist, dass sie spät aufstehen darf.

____

____

3. Jeanne bedauert aber, dass sie oft bis 22 Uhr arbeiten muss.

____

● **1C** **Le rêve d'Ismaël. Qu'est-ce qu'Ismaël voudrait faire? Imagine.**

95|1

J'aimerais ___ parce que ___. Je voudrais ___. L'avantage, ___. Par contre, ___.

____

____

____

____

○ **2A** **Complète par les formes du verbe *s'entraîner* au passé composé.** ▶ Grammaire, p. 74/1

95|2

me t'
s' *(3x)* nous
vous se *(2x)*

êtes suis
sommes
est *(3x)*
sont *(2x)* es

entraîné(e)s *(3x)*
entraînée
entraîné(e) *(2x)*
entraîné
entraînes
entraînées

je	*me*		
tu			*entraîné(e)*
il		*est*	
elle	*s'*		
on		*est*	
nous			*entraîné(e)s*
vous	*vous*		
ils		*sont*	
elles			*entraînées*

● **2B** **Aujourd'hui, Sarah se lève tôt. Mais qu'est-ce qui s'est passé hier? Fais les phrases. Mets le verbe au passé composé.** ▶ Grammaire, p. 74/1

95|2

1. Aujourd'hui, Sarah **se lève** tôt mais hier, elle *s'est levée* tard.
2. Aujourd'hui, je **m'occupe** de ma petite sœur. Hier aussi, je ______ de ma petite sœur.
3. Aujourd'hui, tu **t'entraînes** pour l'interro de maths. Hier, tu ______ pour l'interro de SVT!
4. Aujourd'hui, mes parents et moi, nous **nous dépêchons** pour arriver à l'heure au cinéma parce que la dernière fois, nous ne ______ pas ______ et nous sommes arrivés en retard!
5. Aujourd'hui, vous ne **vous ennuyez** pas. Mais hier, vous ______ !
6. Aujourd'hui, Lisa et Fatima **se maquillent** très vite. Mais hier, elles ______ pendant une heure!

● **2C** **Marie-Sarah est actrice dans un théâtre. Elle raconte ses journées. Complète le texte par les verbes au passé composé.**

95|2

se coucher se dépêcher s'habiller se lever
s'entraîner s'amuser s'ennuyer s'occuper se passer

Avant-hier, j'étais au théâtre jusqu'à minuit! Nous ______ pendant des heures. Je ______ très tard. Alors hier, j'ai dormi jusqu'à midi! Vers 12 heures 30, je ______ et je ______. Puis, j'ai pris un café et je ______ de mon chat parce qu'il avait faim! Mais il était déjà 15 heures et je ______ pour arriver à l'heure au théâtre.

Tout __________ très bien __________, les gens dans la salle ont beaucoup rigolé et ne __________ pas __________ une seconde! Après le spectacle, on est tous allés dans un café. C'est normal: il faut aussi __________ un peu après le travail!

○ 3A a Complète par les formes des verbes *savoir* et *pouvoir*. ▶ Grammaire, p. 75/5

95|2

peux *(2x)* savez pu savions peut pouvions savent su pouvons peuvent sais *(2x)* pouvez savons sait

SAVOIR		POUVOIR	
je	______	je	______
tu	______	tu	______
il/elle/on	______	il/elle/on	______
nous	______	nous	______
vous	______	vous	______
ils/elles	______	ils/elles	______
passé composé	______	*passé composé*	______
imparfait	______	*imparfait*	______

b Est-ce que tu utilises *pouvoir* ou *savoir*? Coche.

	pouvoir	savoir
1. Ich lerne seit drei Jahren Gitarre und kann jetzt gut spielen!	☐	☐
2. Ich kann nicht Fußball spielen, weil ich verletzt bin.	☐	☐
3. Ich kann nicht Roller fahren, ich habe es nie gelernt.	☐	☐
4. Ich kann dich nicht begleiten, ich habe keine Zeit!	☐	☐
5. Ich kann nicht telefonieren, weil mein Akku leer ist.	☐	☐

● 3B Ils savent faire beaucoup de choses. Complète par les formes de *savoir* ou *pouvoir*. ▶ Grammaire, p. 75/5

95|3

1. Il __________ marcher sur un fil mais il ne __________ pas aller jusqu'au soleil!
2. Il __________ marcher mais il ne __________ plus marcher.
3. Elle __________ chanter et danser mais elle ne __________ pas répondre à tous ses fans!
4. Patrick __________ dessiner mais aujourd'hui il ne __________ pas dessiner.

3C a **Ils savent faire beaucoup de choses et veulent poser leur candidature. Lis les profils et trouve pour chacun le bon stage. Relie.**

95|3

Arthur: faire des gâteaux, détester la musique	1	a	la maternelle *English for Kids*
Mélanie et Zoé: s'occuper de jeunes enfants, chanter, ne pas parler anglais	2	b	l'école de musique *Mifasol*
Nathan et moi: réparer des ordinateurs	3	c	le magasin *On recycle ton ordi*
Malik et toi: dessiner	4	d	le festival de films d'animation
Colin: parler anglais et japonais, adorer le cinéma, ne pas trop aimer les enfants	5	e	la boulangerie
Joyce: courir vite, jouer au foot, ne pas avoir son brevet de sauveteur	6	f	le studio *Manga et Compagnie*
		g	le stade sportif

b **Choisis deux situations de a et fais des phrases. Utilise *savoir* et *pouvoir*.**

____

____

____

____

____

4A **Gilou a un message formidable. Lis les phrases et souligne les verbes. Quand est-ce que l'action commence? Coche dans le tableau.** ▶ Grammaire, p. 75/4 ▶ Module 1, p. 54–55

95|4

1 Handlung dauerte bereits an → *imparfait*

2 Handlung setzt plötzlich ein → *imparfait* + *passé composé*

3 Handlung folgt auf eine andere abgeschlossene Handlung → *passé composé*

	1	2	3
Gilou était devant son ordinateur quand nous sommes arrivés.		X	
Il jouait à un jeu vidéo, mangeait une tartine et écoutait de la musique.			
Nous, on est allé/e dans ma chambre et on a fait nos devoirs.			
Ensuite, Jérémy a raconté des blagues.			
On rigolait bien quand tout à coup Gilou a crié.			
On est descendus.			
Il était devant son ordinateur mais il ne jouait plus.			
Il lisait ce message formidable: «Le meilleur studio de jeux vidéo du monde vous invite pour un stage.»			

4B **Un dimanche pas comme les autres. Lis le texte et entoure la forme du verbe qui convient.**
▶ Grammaire, p. 75/4 ▶ Module 1, p. 54–55

95|4

Dimanche, tout était / a été tranquille à la maison: Adrienne rangeait / a rangé sa chambre, Luc s'entraînait / s'est entraîné pour son interro d'anglais et Maman lisait / a lu le journal dans le salon. Moi, j'écoutais / j'ai écouté la radio dans ma chambre. Tout à coup, j'entendais / ai entendu un grand bruit et Adrienne criait / a crié. On allait / est allés dans sa chambre et on découvrait / a découvert la catastrophe! Il y avait / a eu de l'eau partout et le poisson rouge d'Adrienne nageait / a nagé sous le bureau!

4C Qu'est-ce qui s'est passé à ce moment-là? Fais les phrases. Utilise le passé composé et/ou l'imparfait.

95|4

1. Je écrire mon rapport de stage quand mon ordinateur commencer à fumer

   J'écrivais mon rapport de stage quand mon ordinateur a commencé à fumer.

2. Je parler avec un client quand mon frère entrer dans le magasin

   ____

3. Nous visiter la ferme quand un taureau venir vers nous

   ____

4. Albin s'occuper des enfants quand Babette tomber du lit

   ____

5. Lucie et Rose marcher au bord de la piscine quand Lucie glisser

   ____

5A Fabienne a écrit une lettre de motivation mais son ordinateur n'a pas bien marché. Complète la lettre de Fabienne. ▶ Fiche p. 129/E

95|5

CV   brevet des collèges   J'espère pouvoir faire bientôt votre connaissance
Je viens de lire votre annonce   lettre de motivation   Respectueuses salutations

Paris, le 2 mars 2021

Fabienne Lecourbe

3 rue Monsieur le Prince

75006 Paris

Objet: ______________________________

Madame la Directrice,

______________________________ du 28 février et je voudrais poser ma candidature comme vendeuse dans votre magasin de chaussures. Je suis en seconde au lycée Saint-Michel. J'ai déjà une expérience de vente dans une boulangerie mais j'aimerais beaucoup travailler chez vous parce que j'adore la mode et les chaussures. Plus tard, je voudrais dessiner des vêtements et des chaussures.

______________________________.

______________________________, Fabienne Lecourbe

Pièces jointes: ______________, ______________________________, rapport de stage dans la boulangerie Lecroiset.

5B Qu'est-ce qu'ils disent? Complète chaque situation par l'expression qui convient.

95|5

▶ Les mots pour le dire, p. 211/9 et p. 213/18

a C'est à quel sujet? b Oui! Ça a été une expérience géniale!
c Oui, mais travailler avec des enfants, c'est souvent dur! d Est-ce que je peux laisser un message?

1

– Bonjour, est-ce que Monsieur Blanc est là?

– ______________________________

____

2

– Non, Monsieur Blanc n'est pas là.

– ______________________________

____

3

– Tu as aimé ton job d'été?

– ______________________________

____

4

– C'est une photo de ton stage?

– ______________________________

____

5C Choisis un festival et écris ta lettre de motivation.

95|5

Cherchons jeune pour écrire des commentaires de films.

Cherchons jeunes qui proposent des animations

Cherchons jeunes pour servir des plats pendant le festival

____

____

____

____

____

____

1A En vacances! Trouve les treize mots dans la grille. Puis écris les mots avec les accents/apostrophes et les articles définis. ▶ Liste alphabétique, p. 174–190

96|1

C	O	M	M	I	S	S	A	R	I	A	T
T	E	N	T	E	X	F	L	E	U	V	E
S	Y	M	L	A	M	B	I	A	N	C	E
F	E	U	D	A	R	T	I	F	I	C	E
V	O	L	E	U	R	M	A	R	C	H	E
I	N	V	I	T	A	T	I	O	N	A	S
P	L	U	I	E	C	O	U	T	E	A	U
C	H	O	C	O	L	A	T	E	R	I	N
T	B	U	A	P	C	H	A	T	E	A	U
P	I	Q	U	E	N	I	Q	U	E	D	E

Messer ______ ______________________

Schloss ______ ______________________

Feuerwerk ______ ______________________

Fluss ______ ______________________

Picknick ______ ______________________

Schokolade ______ ______________________

Polizeirevier ______ ______________________

Zelt ______ ______________________

Stimmung ______ ______________________

Regen ______ ______________________

Dieb ______ ______________________

Einladung ______ ______________________

Markt ______ ______________________

1B Qu'est-ce qu'ils voient? Note le nom avec l'article. ▶ Liste alphabétique, p. 174–190

96|1

1

____

2

____

3

____

4

____

1C Qu'est-ce qui se passe au marché aux puces? Raconte. Tu peux aussi faire un dialogue entre deux personnages.

96|1

____

____

____

____

____

○ 2A Imparfait ou passé composé? Complète d'abord la règle. Après, conjugue les verbes dans les phrases.

▶ 96|2

▶ Grammaire, p. 75/4

la règle	les exemples
1. Du erzählst von früher: Du benutzt das ______________________.	1. Autrefois j'______________ à Paris. *(habiter)* Mon frère et moi, nous ______________ au collège Molière. *(aller)*
2. Du kommentierst ein Ereignis oder du beschreibst die Umstände: Du benutzt das ______________________.	2. L'exposé de Thomas ______________ intéressant. *(être)* L'ambiance ______________ nulle! *(être)*
3. Du beschreibst eine Person oder einen Gegenstand: Du benutzt das ______________________.	3. Elle ______________ super amoureuse! *(avoir l'air)* Le chien ______________ moche mais costaud. *(être)*
4. Du erzählst eine neu einsetzende Handlung, du benutzt das ______________________.	4. Tout à coup, mes parents ______________! *(rentrer)* Tout à coup, j'______________ un bruit! *(entendre)*
5. Du schilderst ein Ereignis / eine Aktion, du benutzt das ______________ ______________.	5. Ma chaise ______________! *(tomber)* Enfin, le métro ______________! *(arriver)*
6. Du berichtest von einer Kette von Handlungen, du benutzt das ______________________.	6. Je ______________ *(entrer)*, j'__________ __________ *(voir)* la catastrophe, j'__________ __________ *(crier)*, mon frère et mes parents ______________ *(arriver)*.

● 2B a Nini lit une bédé et raconte l'histoire. Lis le texte et souligne les verbes.

▶ 96|2

Il fait froid, il fait noir, c'est horrible! Lucky Luke a très soif! Tout à coup, les Daltons arrivent. Ils sont très moches et très dangereux. Ils viennent près de la tente de Lucky Luke. Ils sont en train de voler Jolly Jumper quand tout à coup, Lucky Luke se lève. Il voit les Daltons. Les Daltons ont peur et ils partent très vite.

b **Écris le texte au passé.** ▶ Grammaire, p. 75/4

Il ___ froid, il ___ noir, c'___ horrible!

Lucky Luke ___ très soif! Tout à coup, les Daltons ___. Ils

___ très moches et très dangereux. Ils ___ près de la

tente de Lucky Luke. Ils ___ en train de voler Jolly Jumper quand tout à

coup, Lucky Luke ___. Il ___ les Daltons. Les Daltons

___ peur et ils ___ très vite.

● **2C** **Luca et ses amis ont passé une journée au bord de l'Atlantique. Raconte l'histoire et imagine la suite. Utilise le passé composé et l'imparfait.**

96|2

arriver avoir des vêtements de toutes les couleurs découvrir les sacs quitter la plage
être cool/tranquille/horrible/sportif faire beau jouer au volley / depuis une heure / ensemble
ne plus y avoir d'argent le porte-monnaie poser les sacs rester encore un peu s'amuser

Il était quatorze heures quand nous sommes arrivés sur la plage.

___

___

___

___

___

___

___

___

___

○ **3A** a **Retrouve les conjugaisons.** ▶ Verbes, p. 139

96|3

BOIRE

je b________s

tu b________s

il/elle/on b________t

nous b__________s

vous b__________z

ils/elles b__________t

passé composé j' ____________

imparfait nous ____________

Shutterstock.com/Brent Hofacker

b **Complète par les formes du verbe *boire*.**

Qu'est-ce que tu ______________ ?

Mais qu'est-ce qu'il ______________ ?
(*passé composé*)

______________, il fait vraiment chaud!

● **3B** **Ils ont soif! Complète les phrases par les formes suivantes.** ▶ Verbes, p. 139

96|3

b | boiv | buv | boi

1. – Qu'est-ce que vous __________ez?

   – Moi, je __________s un chocolat et eux, ils __________ent de l'eau!

2. Quand il fait très chaud, il faut beaucoup __________re!

3. – Pourquoi est-ce qu'il ne __________t rien?

   – Parce qu'il a __________u un coca dans un café!

● **3C** a **Complète ces slogans avec les formes du verbe *boire* qui conviennent.**

96|3

Nous ______________ du lait parce que ça nous plaît!

Les champions ______________ tous de l'eau!

b **Invente deux autres slogans avec *boire*.**

____

____

____

○ **4A** **Qu'est-ce qu'ils disent? Fais les phrases.** ▶ Les mots pour le dire, p. 124/B, p. 124/C et p. 130/F

96|4

1. faire Je une déclaration voudrais vol. de

____

2. peux le dîner. ne Je venir pour pas probablement

____

3. sommes désolé nous suis Je complets. mais

____

4. voleur? Est-ce que décrire vous pouvez le

____

b **Relie maintenant chaque phrase à la bonne situation.**

☐ 

☐ 

☐ 

☐ 

4B Au voleur! Complète les dialogues.

96|4

▶ Les mots pour le dire, p. 124/B, p. 124/C et p. 130/F

désolée probablement viens se retrouver commissariat une déclaration décrire complet

1. – C'est l'horreur! On m'a volé mon porte-monnaie avec tout mon argent!

   – Il faut aller au ______________________ pour faire ____________________________________.

   Est-ce que tu as vu le voleur? Tu peux le ______________________?

2. – Bonjour madame, est-ce que vous avez encore une chambre pour cette nuit pour deux personnes?

   – Non, je suis ______________________, c'est ______________________!

3. – Salut Sophie, je t'invite à ma fête samedi à dix-neuf heures!

   – C'est très gentil mais je travaille jusqu'à 18 h 30. Je vais ______________________ arriver en retard.

4. – Je ne ______________________ pas au théâtre des Champs-Elysées avec vous ce soir.

   – Dommage, mais on peut ______________________ chez moi après le spectacle.

4C Trouve une phrase pour compléter chaque dialogue.

96|4

1. – ____

   – Ah, bon dommage! Est-ce que vous pouvez me conseiller un autre hôtel près d'ici?

2. – ____

   – Tu trouves? Moi, je pense que 20 € pour un opinel, ce n'est pas trop.

3. – ____

   – C'est un garçon avec des cheveux bruns, une mèche, un tee-shirt jaune et un jean bleu.

4. – ____

   – C'est dommage! Est-ce que tu ne peux pas appeler tes parents?

Unité 6

○ 1A

96|1

Retrouve les mots. Note l'article défini si nécessaire. ▶ Liste alphabétique, p. 174–190

centrevillevisagedélicieuxenvoyerbilletfontainepresquevoyagertradition

____

____

● 1B

96|1

Qu'est-ce qui va ensemble? Trouve le verbe à l'infinitif et complète par les noms.

1 connu/e *adj.*	**A** lire	**a** un message
2 le/la lecteur/lectrice	**B** goûter	**b** un pays
3 le/la remplaçant/e	**C** connaître	**c** un dessert
4 un envoi	**D** remplacer	**d** une personne
5 le goût	**E** envoyer	**e** un livre

● 1C

96|1

Complète le texte de la devinette et trouve le mot mystère. ▶ Liste alphabétique, p. 174–190

C'est un _ _ _ _ _ _ _ _ _. Il se trouve entre la France et l'Allemagne. La plus grande ville de la région s'appelle Strasbourg. Dans le centre-ville, il y a une belle _ _ _ _ _ _ _ _ _ _ _ _ _ _ _ avec une très haute tour. À Strasbourg, on parle le français et un _ _ _ _ _ _ _ _ _ _ _ _ allemand. Les gens ont un joli _ _ _ _ _ _ _ _ _.

Solution: l e _ _ _ _ _ _

○ 2A

96|2

Ils viennent d'où? Regarde les dessins, choisis la bonne expression et complète les phrases.
▶ Grammaire, p. 102/1

des États-Unis   du Sénégal   au Canada   d'Allemagne   en Belgique   en France

1. Il vient ______________________________________.

2. Ils vont ______________________________________.

3. Elle va ______________________________________.

4. Ils viennent ______________________________________.

5. Moi, je vais ______________________________________.

6. Nous venons ______________________________________.

○ 2B Ils viennent d'où? Ils vont où? Complète les phrases. ▸ Grammaire, p. 102/1

96|2

1. – D'où viens-tu?

   – Je viens ______________________ (*aus Belgien*).

2. – Où vas-tu?

   – Je vais ______________________ (*nach Tunesien*).

3. – Nos vacances cette année? Peut-être que nous allons partir ______________________

   (*nach Sénégal*).

4. – D'où viennent ces touristes?

   – Hum, je crois qu'ils viennent ______________________ (*aus den USA*).

● 2C Un reporter fait un reportage devant l'Atomium. Voici ce que disent les touristes. Écris les phrases.

96|2

1. Ein Tourist erklärt, dass er aus Amerika kommt. Seine Stadt heißt Blue Earth.

Je ______________________

____

____

2. Eine kanadische Jugendliche sagt, dass sie jetzt nach Deutschland geht, weil Belgien zu klein ist.

Je ______________________

____

3. Ein Senegalese sagt, dass er sich in Belgien wohl fühlt.

Je ______________________

____

4. Eine Gruppe Japaner sagt, dass sie aus Tunesien kommen und Brüssel toll finden.

Nous ______________________

____

○ 3A Tu prends encore des frites? Qu'est-ce qui va ensemble? Fais les dialogues. ▸ Grammaire, p. 103/3

96|3

Tu prends encore des frites?	1	a	Oui, bien sûr. J'en fais tous les week-ends pour les enfants.
Tu voudrais aller au ciné avec nous?	2	b	Non, je n'en fais plus. Je suis trop vieux maintenant.
Vous faites encore des voyages au Québec, Monsieur?	3	c	Non, je n'en ai pas envie.
Tu fais souvent des gâteaux?	4	d	Non, merci. Je n'en prends plus.

3B Tu as raté le début. Que veut dire *en*? Relie. ▶ Grammaire, p. 119/3

96|3

Il n'en revient plus parce qu'il adore la Belgique. **1**

Elle en donnait toujours aux pauvres[1] quand elle en avait. **2**

Il n'en a jamais offert à ses enfants, c'est trop sucré! **3**

Elle n'en joue plus, c'est trop dur. **4**

Nous n'en faisons plus, ce n'est pas assez écologique! **5**

a de l'argent

b des bonbons

c de l'accordéon

d des voyages en avion

e de Bruxelles

1 **le/la pauvre** der/die Arme

3C Réponds en français. Utilise *en*. ▶ Grammaire, p. 103/3

96|3

1. Du hast mit deinen Freunden schon drei Tüten Chips gegessen.
   Sage, dass es keine mehr gibt.

   ____

2. Du schaust mit einem Freund / einer Freundin deine Comics an. Manche sind doppelt.
   Dein/e Freundin möchte dir einen schenken: „Ich geb dir einen davon".

   ____

3. Deine Oma fragt, ob du eine Freundin / einen Freund hast.
   Du antwortest, dass du keine/keinen hast.

   ____

4. Auf dem Wochenmarkt preist der Markthändler seine Äpfel an.
   Sag, dass du drei nimmst/kaufst.

   ____

5. In der Fußgängerzone wird dir und deinem Freund / deiner Freundin ein Vertrag für eine Kreditkarte angeboten.
   Ihr wollt keine haben und lehnt daher höflich ab.

   ____

6. Eine Freundin sagt, dass sie immer hunderte Fotos in den Ferien macht.
   Du sagst, dass du nie welche machst.

   ____

DIPLÔME D'ÉTUDES EN LANGUE FRANÇAISE

DELF A2 • Version scolaire et junior

Niveau A2 du Cadre européen commun de référence pour les langues

NATURE DES ÉPREUVES	DURÉE	NOTE SUR
1 Compréhension de l'oral Réponse à des questionnaires de compréhension portant sur trois ou quatre courts documents enregistrés ayant trait à des situations de la vie quotidienne. (2 écoutes) *Durée maximale des documents : 5 minutes*	**25 minutes environ**	**/25**
2 Compréhension des écrits Réponse à des questionnaires de compréhension portant sur trois ou quatre courts documents écrits ayant trait à des situations de la vie quotidienne.	**30 minutes**	**/25**
3 Production écrite **Rédaction de 2 brèves productions écrites (lettre amicale ou message) :** • décrire un événement ou des expériences personnelles • écrire pour inviter, remercier, s'excuser, demander, informer, féliciter…	**45 minutes**	**/25**
4 Production orale **Épreuve en trois parties :** • entretien dirigé • monologue suivi • exercice en interaction	**6 à 8 minutes** *Préparation : 10 minutes*	**/25**

Seuil de réussite pour obtenir le diplôme : 50/100
Note minimale requise par épreuve : 5/25
Durée totale des épreuves collectives : 1 heure 40 minutes

NOTE TOTALE : /100

CODE CANDIDAT : ______ – ______

Volet à rabattre pour préserver l'anonymat du candidat

Nom : .... **Prénom :** ....

1 Compréhension de l'oral

25 points

Vous allez entendre 3 enregistrements, correspondant à 3 exercices différents.

Pour chaque exercice, vous aurez :
– 30 secondes pour lire les questions ;
– une première écoute, puis 30 secondes de pause pour commencer à répondre aux questions ;
– une deuxième écoute, puis 30 secondes de pause pour compléter vos réponses.
Répondez aux questions en cochant (☒) la bonne réponse, ou en écrivant l'information demandée.

EXERCICE 1 (29)

6 points

❶ Quand vous entendez ce message, vous êtes dans : *2 points*

- ❑ une gare.
- ❑ une école.
- ❑ un magasin.

❷ On vous parle de : *2 points*

- ❑ billets de train.
- ❑ matériel de classe.
- ❑ valises.

❸ Vous pouvez : *2 points*

- ❑ gagner un sac.
- ❑ inviter vos amis.
- ❑ payer moins cher.

EXERCICE 2 (30)

8 points

❶ Quel est l'événement présenté dans ce document ? *2 points*

- ❑ Le salon du mobile.
- ❑ Le salon de l'industrie.
- ❑ Le salon de l'automobile.

❷ Dans quelle ville ? *2 points*

....

→

❸ Le salon commence le : *(cochez la bonne réponse)* *1 point*

OCTOBRE

Mercredi 22	
Jeudi 23	
Vendredi 24	
Samedi 25	
Dimanche 26	
Lundi 27	
Mardi 28	
Mercredi 29	
Jeudi 30	
Vendredi 31	

❹ Le salon se termine le : *(cochez la bonne réponse)* *1 point*

NOVEMBRE

Samedi 1er	
Dimanche 2	
Lundi 3	
Mardi 4	
Mercredi 5	
Jeudi 6	
Vendredi 7	
Samedi 8	
Dimanche 9	
Lundi 10	

❺ Les produits présentés au salon sont fabriqués : *2 points*

❑ en France.

❑ en Italie.

❑ dans le monde entier.

EXERCICE 3 (31)

11 points

❶ Qui appelle les enfants ? *2 points*

❑ Leur mère.

❑ Leur voisine.

❑ Leur baby-sitter.

❷ Elle demande aux enfants : *2 points*

❑ de venir manger.

❑ d'aller se laver.

❑ d'aller se coucher.

❸ Qu'est-ce que Julie est en train de faire ? *3 points*

....

❹ Que va faire Julie demain ? *2 points*

❑ Aller au cinéma.

❑ Inviter Lucie.

❑ Dîner au restaurant.

❺ Julie et Marc sont : *2 points*

❑ amis.

❑ frère et sœur.

❑ fiancés.

2 Compréhension des écrits

25 points

EXERCICE 1

7 points

Que faites-vous pour protéger la nature ?
Regardez les images et écrivez le numéro qui correspond dans le tableau.
Attention : il y a 8 images et 7 phrases.

①

②

③

④

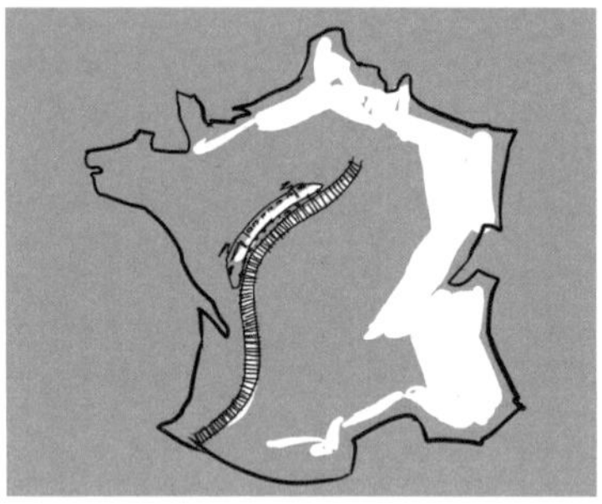

⑤

⑥

⑦

⑧

	Image n° :
J'utilise une poubelle pour le papier et une autre pour le verre.	
Je mets un pull et je baisse le chauffage.	
Je vais à pied ou à vélo pour les petits trajets.	
J'éteins la lumière quand je sors d'une pièce.	
Je prends une douche rapide et non un bain.	
Pour les grands voyages, je prends le train.	
J'utilise l'eau chaude seulement quand j'en ai vraiment besoin.	

EXERCICE 2

9 points

Lisez le texte puis répondez aux questions en cochant (☒) la bonne réponse ou en écrivant l'information demandée.

DES DINOSAURES AU MUSÉE

À la recherche de notre lointain passé... Chassez la préhistoire, elle revient au galop, avec les dinos. Rien à faire, c'est cyclique, ces grosses bêtes nous poursuivent à des millions d'années. Incroyable, mais c'est sûrement qu'elles nous aiment... Alors, allons les voir dans les musées.

▸ Au Musée National d'Histoire Naturelle à Paris, au Jardin des Plantes, dans la Grande Galerie de l'Évolution, 57, rue Cuvier 75005. Renseignements au 01 40 79 30 00.

▸ Au Dino-Zoo à 20 km de Besançon et à 4 km du gouffre de Poudrey. C'est un parc animalier préhistorique qui retrace la vie animale sur 500 millions d'années. On y croise des dinosaures de taille réelle. Renseignements à la Maison du tourisme de Besançon au 03 81 80 92 55.

▸ Dans le Parc national des Cévennes à Saint-Laurent-de-Trèves, allez voir les empreintes de dinosaures (d'avril à octobre), c'est réellement impressionnant. En prime, un spectacle audio-visuel dans une chapelle et une exposition. Informations au 04 66 49 53 00.

▸ À Espéraza dans l'Aude (à 50 km de Carcassonne), le musée des dinosaures présente une exposition comprenant des ossements, des œufs et des empreintes de pas ainsi que des représentations des animaux, grandeur nature. Une vidéo montre les derniers dinosaures et le musée permet d'observer les techniques de dégagement et de préparation des fossiles. Un chantier de fouilles est aussi ouvert au public.
Renseignements au 04 68 74 26 88 ou 04 68 74 02 08 et sur Internet, le site du musée : dinosauria.org.

Francine Pigelet Lambert
http://www.magicmaman.com

magicmaman.com

❶ De quels animaux parle le document ? *1 point*

- ❑ D'animaux domestiques.
- ❑ D'animaux exotiques.
- ❑ D'animaux préhistoriques.

❷ Trouvez dans le texte une autre manière de dire « dinosaure » ? *2 points*

....

❸ Vrai ou Faux ? Cochez (✗) la case correspondante et recopiez les mots ou la phrase qui justifie(nt) votre réponse. *6 points*

	Vrai	Faux
Pour en savoir plus sur le Dino-Zoo de Besançon, il faut chercher sur Internet. Justification :		
On sait où aller voir des dinosaures à Paris. Justification :		
Le parc national des Cévennes est ouvert toute l'année. Justification :		
À Espéraza, on ne peut pas voir de dinosaures de taille réelle. Justification :		

EXERCICE 3

9 points

Répondez aux questions. Cochez la ou les bonnes réponses.

❶ *Phosphore* est un nouveau magazine. *1 point*

❏ Vrai.

❏ Faux.

❏ On ne sait pas.

❷ Le magazine *Phosphore* est un : *1 point*

❏ quotidien.

❏ hebdomadaire.

❏ mensuel.

❏ annuel.

❸ Le magazine *Phosphore* est destiné : *1 point*

❏ à tous les âges.

❏ aux lycéens.

❏ aux collégiens.

❏ aux adultes.

❹ Pour s'abonner au magazine *Phosphore*, il faut : *2 points*

❏ réussir ses années lycées.

❏ téléphoner au 0 825 825 830.

❏ envoyer 19,95 euros.

❏ aller sur le site : www.phosphore.com.

❏ habiter en France.

❺ La médiathèque numérique est accessible : *2 points*

❏ seulement aux abonnés.

❏ à tous les visiteurs du site.

❏ aux professeurs.

❻ Pour avoir le lecteur MP3, il faut : *2 points*

❏ téléphoner au 0 825 825 830.

❏ s'abonner au magazine *Phosphore*.

❏ s'inscrire sur le site Internet.

❏ envoyer un chèque de 19,95 euros.

3 Production écrite

25 points

EXERCICE 1

(13 points)

C'est votre premier jour en France. Vous racontez dans votre journal intime ce que vous avez fait et vous donnez vos premières impressions.
Écrivez un texte de 60 à 80 mots.

Vous pouvez utiliser ces images pour décrire votre journée, mais ce n'est pas une obligation :

Nombre de mots : ....

EXERCICE 2

(12 points)

Nouveau Message

Ficher Édition Affichage Insertion Format Outil Messsage ?

Envoyer | Enregistrer | Imprimer | Joindre | Contacts

De : Julie@netcourrier.fr

Copie...

Objet : Invitation !

Salut,
Les fêtes de fin d'année approchent et ça fait longtemps que nous ne nous sommes pas vu(e)s !
J'organise une soirée pour le Nouvel An à Paris. J'aimerais beaucoup que tu viennes. Ma mère est d'accord pour que tu passes quelques jours chez nous.
Réponds-moi vite et fais ta réservation pour venir.
Je t'embrasse bien fort,
Julie

Vous avez reçu ce courriel. Vous répondez à Julie : vous la remerciez et vous acceptez son invitation ; vous expliquez comment vous allez aller chez elle et combien de temps vous allez rester.

60 à 80 mots

Nombre de mots : ....

4 Production orale

25 points

Cette épreuve d'expression orale comporte 3 parties.
Elle dure de 6 à 8 minutes.
Vous disposez de 10 minutes de préparation pour les parties 2 et 3.

10 minutes de préparation

6 à 8 minutes de passation

1 ENTRETIEN DIRIGÉ (1re PARTIE) - *1 minute environ*

Après avoir salué votre examinateur, vous vous présentez (parlez de vous, de votre famille, de vos amis, de vos études, de vos goûts, des animaux que vous aimez, etc.). L'examinateur vous posera des questions complémentaires.

2 MONOLOGUE SUIVI (2e PARTIE) - *2 minutes environ*

Vous tirez au sort deux sujets et vous en choisissez un.

1. Comment et où avez-vous connu votre meilleur(e) ami(e) ?

2. Parlez de votre acteur/actrice préféré(e).

3 EXERCICE EN INTERACTION (3e PARTIE) - *3 à 4 minutes environ*

Vous tirez au sort deux sujets et vous en choisissez un.
Vous devez simuler un dialogue avec l'examinateur afin de résoudre une situation de la vie quotidienne. Vous montrez que vous êtes capable de saluer et d'utiliser les règles de politesse.

► **SUJET 1**

Départ d'un professeur

Votre professeur de français part à la retraite. Vous allez le voir pour lui offrir un cadeau. Vous le remerciez pour ses cours. Vous lui demandez son adresse électronique pour pouvoir lui écrire.
(L'examinateur joue le rôle du professeur.)

► **SUJET 2**

Jambe cassée

Un(e) ami(e) francophone s'est cassé la jambe. Vous lui téléphonez pour lui demander comment il/elle va, comment ça s'est passé, ce qu'il/elle ressent, combien de temps il/elle doit rester chez lui/elle, etc.
(L'examinateur joue le rôle de l'ami(e).)

Vokabelschablone

Zum Vokabellernen kannst du dir eine Schablone basteln.
Dazu nimmst du ein weißes A4-Blatt hochkant. 7 mm vom oberen Rand entfernt ziehst du eine Linie. Auf dieser Linie markierst du die beiden Punkte, die vom linken Rand 7,5 cm und vom rechten Rand 7,5 cm entfernt sind. Diese Stellen schneidest du bis zur Linie ein. Nun faltest du die beiden äußeren Teile entlang der Linie nach unten (siehe Zeichnung). Fertig ist die Seite 1, *le côté français-allemand*. Willst du mit Seite 2, *le côté allemand-français*, üben, klappst du die Seitenteile einfach wieder hoch und faltest das Mittelteil entlang der Linie nach unten.

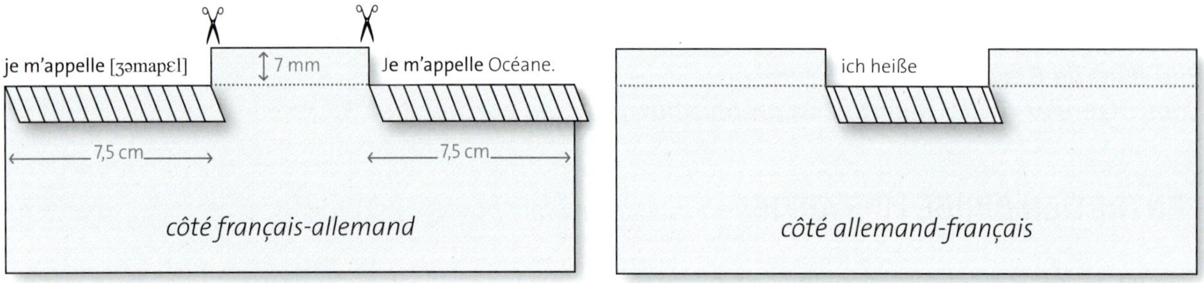

So lernst du Vokabeln mit der Schablone:

Seite 1: *français-allemand*
Lies das französische Wort. Übersetze das Wort dann ins Deutsche. Wenn dir das deutsche Wort nicht gleich einfällt, versuchst du dich mithilfe des französischen Beispielsatzes an das Wort / die Wendung zu erinnern. Anschließend schiebst du die Schablone nach unten und überprüfst deine Übersetzung.

Seite 2: *allemand-français*
Mit dieser Seite überprüfst du, ob du die deutschen Wörter auch ins Französische übersetzen kannst. Unter der rechten Klappe findest du einen Beispielsatz mit der Vokabel / der Wendung.

Kopiervorlage

INFINITIF	*Terminaison*	*Régulier* ☐ *Irrégulier* ☐	*Particularité*
	*PRÉSENT* Je/J'		*IMPÉRATIF*
	Tu		
	Il/Elle/On		
	Nous		
	Vous		
	Ils/Elles		

se conjugue comme:	*PASSÉ COMPOSÉ*
IMPARFAIT	*FUTUR*

Pour tes notes